VENDA RECORRENTE

Copyright© 2019 by Adriano Brero Lopes
Todos os direitos desta edição são reservados à Literare Books International.

Presidente:
Mauricio Sita

Capa, diagramação e projeto gráfico:
Gabriel Uchima

Revisão:
Franciane de Freitas (Textuali Comunicação)

Diretora de projetos:
Gleide Santos

Diretora de operações:
Alessandra Ksenhuck

Diretora executiva:
Julyana Rosa

Relacionamento com o cliente:
Claudia Pires

Impressão:
Impressul

Dados Internacionais de Catalogação na Publicação (CIP)
(eDOC BRASIL, Belo Horizonte/MG)

L864v Lopes, Adriano Brero.
Venda recorrente: um método de vendas prático para sobreviver à indústria 4.0 / Adriano Brero Lopes. – São Paulo (SP): Literare Books International, 2019.
232 p. : 16 x 23 cm

ISBN 978-85-9455-183-2

1. Sucesso nos negócios. 2. Vendas. I. Título.
CDD 658.85

Elaborado por Maurício Amormino Júnior – CRB6/2422

Literare Books International
Rua Antônio Augusto Covello, 472 – Vila Mariana – São Paulo, SP
CEP 01550-060
Fone/fax: (0**11) 2659-0968
site: www.literarebooks.com.br
e-mail: literare@literarebooks.com.br

VENDA RECORRENTE

DEDICATÓRIA

A Ademir, Elisabethe (*in memorian*) e João, que me ensinaram a acreditar no poder da gratidão e do trabalho.

DEDICATÓRIA

AGRADECIMENTOS

Primeiramente a Deus, por colocar pessoas incríveis na minha vida.

Aos amigos Milton Lisboa e Paulo Lugli, que me deram oportunidade para aprender, criar e empreender.

A todos os empresários e executivos que acreditaram e investiram em minha metodologia e trabalho, assim como os gestores e vendedores que eu tive a oportunidade de treinar. Eu aprendi, aprendo e continuarei sempre aprendendo muito com vocês!

Agradeço ao Davi Oliveira, Peterson Cantu e a Dra. Maria Lucia Rodrigues, por encontrarem tempo para ler trechos do original deste livro e contribuírem com sua experiência e opiniões.

Ao Gilberto Cabeggi, Maurício Sita e toda equipe da Literare Books que participou da edição deste livro.

Aos meus pais, que me instruíram, direcionaram e sempre acreditaram em meus sonhos.

Agradeço a minha esposa, Daniela, por me inspirar e apoiar todos os dias.

PREFÁCIO

Conheci o Adriano como cliente de sua consultoria no início de 2018, assim que assumi a direção executiva comercial da Allied Brasil. Quando você inicia em uma nova empresa, precisa se empenhar em conhecer muito bem os projetos que estão em andamento e analisar aqueles que podem ser retomados, reformulados ou ampliados.

Foi o que aconteceu naquela ocasião. Fiquei sabendo de um projeto que ele havia conduzido na Allied, em 2017, um trabalho de consolidação de informações de alguns clientes estratégicos, assim como o acompanhamento das reuniões de vendas *in loco* com os respectivos executivos de conta. Os resultados foram muito positivos, e ele deixou ferramentas práticas como legado para a nossa empresa.

A minha vida profissional foi praticamente toda na indústria, em nível de direção em multinacionais de diversos segmentos que atuam com venda recorrente técnica, como Nestlé, Nivea, Sony Ericsson e Samsung. Ao trabalhar em empresas como essas, você entende e valoriza a existência de processos comerciais bem estabelecidos.

Assim, percebi que o projeto que o Adriano havia realizado em 2017 deveria ser retomado e até mesmo ampliado para os demais canais de vendas da empresa. Dessa forma, com a ajuda de sua consultoria, eu conseguiria implementar o que havia idealizado estrategicamente com maior velocidade.

Lembro-me de que logo nas minhas primeiras semanas na empresa pedi uma reunião com ele para entender com mais detalhes o que havia sido feito, para então avaliar uma possível retomada do projeto.

Os meses seguintes foram bastante intensos. Concluímos a metodologia no canal de vendas onde o projeto havia sido iniciado e depois fomos para outros canais da empresa.

Um dos grandes desafios de uma direção comercial é manter uma comunicação objetiva e veloz com todos os seus liderados. Nesse sentido, uma metodologia de vendas é imprescindível para o crescimento dos resultados de forma sustentável. Quando um método é implementado, é como se todos passassem a falar a mesma língua.

A metodologia que você verá neste livro é relevante e aplicável para qualquer perfil de equipe, assim como seria aplicável em todas as outras empresas que atuam neste mesmo modelo, em que tive a oportunidade de trabalhar.

Ter um método de vendas prático e objetivo também é fundamental para gestores e vendedores, assim como para os diretores, pois muito do sucesso desses profissionais se deve à qualidade de comunicação que têm com todas as áreas da empresa (financeiro, crédito, *marketing*, compras, S&OP, entre outras).

Outro benefício é que um método de vendas ajudará a potencializar a sua empregabilidade. Pois só assim você conseguirá transportar com facilidade sua experiência de uma empresa, ou segmento, para outra realidade, entenderá a lógica por trás daquilo que é feito e será capaz de aplicar sua experiência nos diversos mercados.

Espero que você aproveite este rico e bem estruturado método que está em suas mãos. Particularmente, nunca havia visto um conteúdo tão específico e relevante para vendas recorrentes.

Davi Oliveira

Trinta e três anos de experiência profissional nas áreas de Vendas, Marketing, Trade Marketing, Gerenciamento de Categorias, liderança em outras áreas como Logística, Finanças, Produção e Gerenciamento de Projetos em empresas de expressão com carreira ascendente desenvolvida nos últimos 27 anos na NESTLÉ BRASIL e SUÍÇA, NIVEA BRASIL, SONY ERICSSON BRASIL, SAMSUNG BRASIL, PARAMOUNT PICTURES, DPA Brazil – Fonterra/Nestlé JV, e atualmente é o Diretor Executivo Comercial da Allied Brasil.

SUMÁRIO

PARTE 1 - Contexto

Para quem é este livro 17
A morte do vendedor B2B 31
O futuro das vendas recorrentes B2B 35
De quem é a responsabilidade
(estratégico, tático ou operacional) 40
Você tem talento? 45
Quais resultados você irá obter com esse método 54

PARTE 2 - Ferramenta

A Ficha de Combate 59

PARTE 3 - O método

G1 - Gestão do território 84

Defina o PCA - Perfil de Cliente-Alvo 85
Mapeie o território 91
Crie as métricas do funil de vendas 94
Defina prioridades e planeje a abordagem 102
Aborde o cliente com técnicas de vendas e atitude ... 104

G2 - Gestão da carteira 119

O que fazer depois da primeira venda? 121
Analise a carteira com a metodologia RFV 126
Planeje o atendimento da carteira,
com frequência e sequência de contatos 142

Defina a abordagem antes de cada contato..................145

Contate clientes seguindo o planejamento
de atendimento estabelecido..................147

Mapeie clientes inativos e conduza ações
focadas para a reativação..................150

G3 - Gestão do relacionamento 156

Procure sempre gerir o relacionamento
com o apoio da Ficha de Combate..................161

Crie clusters por comportamento de compra..................163

Defina níveis objetivos de relacionamento..................169

Preste um atendimento consultivo..................171

G4 - Gestão do mix 182

Acompanhe o desempenho por produto/solução..................185

Identifique a sua participação no cliente..................191

Saiba como identificar o potencial
de compra do cliente..................193

Explore as oportunidades de mix..................199

PARTE 4 - Considerações

Considerações finais..................205
Mãos à obra..................209

APÊNDICE

1. Uma boa ideia não implementada..................216
2. Qual o seu esquema tático de vendas?..................217
3. Gerente de vendas,
   a empresa precisa dessa função?..................220
4. As cinco regras de ouro para
   um bom forecast de vendas..................222
5. Pesquisa mundial classifica sete perfis
   de stakeholders na venda..................226

PARTE 1:

CONTEXTO

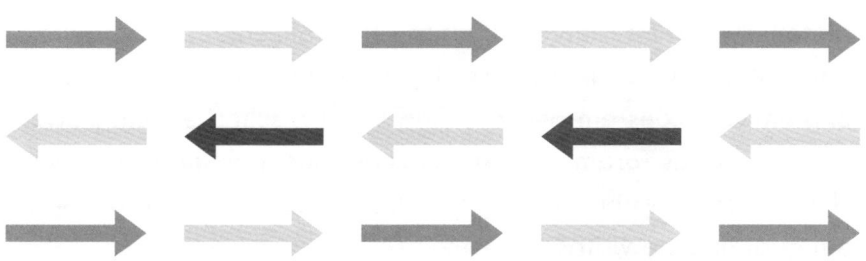

PARA QUEM É ESTE LIVRO

Vendas é um universo muito grande. Por isso, fico admirado quando vejo um livro ou treinamento que apresenta as "x técnicas para vender mais". Sempre me pergunto: para qual tipo de venda será que se aplica?

Certa vez, eu estava reunido com os melhores vendedores e gestores comerciais de uma empresa. Como de costume, essa era uma das primeiras etapas de um projeto de consultoria para construção e implementação de um método de vendas personalizado. Era uma empresa portuguesa de bebidas de alta rotação, com portfólio que tinha águas, sucos, vinhos, dentre vários outros produtos.

Fiz uma pergunta ao grupo: — O que vocês fazem de tão especial ao abordar seus clientes que lhes garante esses resultados tão acima da média?

Um deles levantou a mão e perguntou: — Sobre qual abordagem você quer saber?

Não entendi a pergunta. Pedi que ele explicasse, e ele completou: — Alguns clientes eu visito semanalmente; outros, quinzenalmente; e outros ainda posso ficar até dois meses sem visitá-los. Existem situações em que a última visita resultou em um pedido regular, outras foram circunstâncias em que, por algum motivo, o cliente não comprou. Você quer saber sobre a nossa abordagem em qual tipo de visita?

Essa pergunta me pegou de surpresa, pois eu não sabia que as abordagens poderiam variar tanto de uma situação para outra. Eu trabalhava havia pouco mais de dois anos na empresa de consultoria e nunca havia feito um projeto em uma indústria ou distribuidora.

Naquela época, por mais que eu já tivesse experiência em empresas de varejo e serviços *business to business* (B2B), aquela situação era completamente nova para mim.

Essa história aconteceu no ano de 2008, em Portugal. Depois dessa situação, ainda vieram muitos outros projetos em indústrias, distribuidoras, empresas de serviços, telecomunicações, *software*, construtoras, varejos e muito mais.

Com o tempo, aprendi que as diretrizes comerciais para uma empresa podem ser completamente diferentes daquelas que outras utilizam. Que o vendedor deve sorrir e fazer perguntas abertas são orientações que valem para qualquer situação. Porém, ficou claro também que quem atua na indústria ou distribuição precisa de muito mais do que técnicas de vendas para conseguir ter ótimos resultados.

Após cada novo projeto, entendia o que poderia ser "generalizado" para qualquer equipe comercial e o que era específico para um determinado canal de vendas, segmento de empresa, modelo comercial, ou o que era apenas condizente com a cultura da organização.

A VENDA RECORRENTE B2B

Algumas abordagens sobre este tema falam sobre venda consultiva. Mas, afinal, o que seria uma venda consultiva? Empresas empregam esse termo em casos que vão desde modelos onde o vendedor é um engenheiro químico, por exemplo, e desenvolve soluções completamente customizadas para seus clientes, até mesmo a modelos onde o vendedor de uma loja de cosméticos precisa saber identificar as necessidades de seus clientes, para só então ofertar "consultivamente" a maquiagem correta. Embora o termo seja bastante específico, sua abrangência é, portanto, enorme.

Outras formas de classificar os modelos de vendas usam termos como venda B2C (*Business to Consumer*), venda B2B (*Business to Business*), venda B2G (*Business to Government*). Ou seja, elas se referem ao público-alvo, podendo este ser diretamente o consumidor final, no caso do varejo, outra empresa ou até mesmo uma entidade governamental. Mas será que apenas essa classificação é suficiente para direcionar uma metodologia de vendas?

Apenas para citar um exemplo de como os modelos de vendas podem ser completamente diferentes, vender um projeto de TI, em um longo processo de negociação, não tem absolutamente nada a ver com vender frutas, verduras e legumes diariamente para supermercados, embora ambos os modelos sejam de vendas entre duas empresas (B2B).

Isso parece algo tão óbvio, mas é muito comum encontrar empresas de tecnologia e serviços que dizem ser especialistas no B2B, quando na verdade são especialistas em apenas uma parte desse grande universo. Isso pode acontecer porque elas atuaram fortemente em um segmento específico, ou canal de vendas, e acabam tendo uma falsa impressão de que a sua solução resolverá os problemas de qualquer outra organização. O que não é uma realidade.

Em 2006, quando comecei a prestar consultoria, usávamos sempre a mesma estrutura para iniciar o desenvolvimento dos métodos de vendas de nossos clientes. Após alguns anos e muitos métodos escritos para diversos segmentos, percebi que, em alguns casos, havia formas mais didáticas de descrever as diretrizes comerciais, principalmente se tratando de vendas entre empresas. Até mesmo a minha compreensão sobre o que significa Método de Vendas foi evoluindo com o tempo.

Em 2013, recebi uma oportunidade dos meus amigos e mentores Milton Lisboa e Paulo Lugli e me tornei sócio da empresa onde trabalhava, estruturando uma divisão de negócios focada no atendimento de empresas que atuam no B2B.

Com o passar dos anos e as experiências adquiridas em novos segmentos, passei a separar esse grande universo em diferentes grupos e subgrupos.

Atualmente, após ter vivenciado a implementação de projetos em mais de 30 diferentes segmentos, enxergo com muita clareza 12 principais subgrupos dentro do B2B. A primeira divisão que proponho é separar dois modelos que chamo de Venda Recorrente e Venda de Solução.

Procurei expressar no quadro a seguir um raciocínio que fui adquirindo ao longo do tempo para definir qual a melhor estrutura para usar como ponto de partida na construção de uma metodologia.

CONTEXTO: Para quem é este livro

	B2C	B2B	
		Vendas de soluções	**Vendas recorrentes**
Público-alvo	Consumidor final	Outra empresa	
Principal característica	Geralmente é possível concluir uma venda em apenas um contato com o cliente (com exceções, como: imóveis e seguros. Nesses casos, uma versão simplificada do modelo de Venda de Solução é o mais indicado).	Não existe uma tabela de preços pronta. Cada proposta é um projeto desenvolvido especialmente para cada cliente.	O cliente compra esse produto ou serviço com uma recorrência que pode ser estimada (bimestral, mensal, quinzenal, ou qualquer outra).
Maiores desafios	Muitas vezes, a compra é decidida por impulso e, caso o vendedor perca a oportunidade de fechamento naquele momento, pode não ter uma segunda chance.	O processo da venda é longo e envolve muitos interlocutores do cliente e também da empresa que está vendendo. Na maioria das vezes, o cliente ainda tem dúvidas se de fato tem algum problema que precisa ser solucionado ou pelo menos se a sua solução é a melhor opção para ele.	A empresa depende do sucesso do seu cliente para continuar vendendo para ele. Por mais que a demanda seja recorrente e o cliente não tenha dúvidas da necessidade do seu produto, a concorrência é altíssima, pois muitas vezes são vistos por ele como *commodity*.
Em que área o vendedor precisa se diferenciar	Simpatia, persuasão e técnicas de vendas.	Conhecimentos específicos para construção e venda de propostas técnicas e ampla habilidade de negociação e gestão do processo da venda, para mobilização dos diversos interlocutores.	Gestão do relacionamento e regularidade de contato com os clientes da carteira. Conhecimento organizado sobre cada cliente, possibilitando novas ações de vendas de forma rápida e eficaz com toda a sua carteira/território.
Possivelmente, a melhor estrutura para descrever o Método de Vendas	Organizar os passos do atendimento (um contato com o cliente que contemple seu começo, meio e fim): - Abordagem. - Sondagem. - Demonstração. - Negociação. - Fechamento. - Pós-venda.	Funil de Vendas (*pipeline*) com entregas bem definidas para cada etapa da venda. A quantidade de etapas deste funil irá depender da complexidade da solução vendida. Parte destas etapas deverão ser atribuição de *marketing*, pré-vendas, vendas e pós-vendas.	Este é o assunto abordado por este livro. As 4 Gestões da Venda Recorrente: - Gestão do Território - Gestão da Carteira - Gestão do Relacionamento - Gestão do *Mix*

Venda Recorrente

Fazendo um parêntese aqui: tanto para a construção dos métodos e processos quanto para a definição de *softwares* de gestão, faz todo o sentido identificar primeiro quais as principais características do modelo de vendas. Conheci algumas empresas que tiveram dificuldades na implantação do *software* CRM[1], mesmo usando uma das soluções mais caras, justamente por esta ter uma concepção voltada para a Venda de Solução, quando, na verdade, o modelo necessário seria o de Venda Recorrente.

A Venda Recorrente B2B acontece quando o cliente tem uma demanda recorrente, seja de um produto para revender, um insumo para ser transformado na indústria, um serviço de baixa complexidade que pode ser percebido como *commodity*, ou ainda materiais de manutenção, reparo ou operações.

É um modelo em que a recorrência da demanda exige uma frequência de contatos e vendas muito intensa com os mesmos clientes. Nesse modelo, a gestão tanto da carteira quanto do relacionamento é fundamental para que se possa fazer um bom trabalho com cada cliente.

Dentre as vendas recorrentes B2B, ainda podemos citar algumas subcategorias, como estas a seguir.

Venda Recorrente para o varejo - atuam nesse modelo distribuidores, atacadistas ou a própria indústria que vende para o varejo revender os seus produtos. Esse modelo fica claro quando pensamos nos principais segmentos do varejo e em quem fornece produtos para:

- Hiper e supermercados;
- Lojas de móveis e eletroeletrônicos;

---

1. *Customer Relationship Management* ou, em português, Gestão de Relacionamento com o Cliente.

CONTEXTO: Para quem é este livro

- Postos de combustível e lojas de conveniência;
- Bares e restaurantes;
- *Home centers*;
- Farmácias;
- *Pet shops*;
- Agropecuárias;
- Diversos outros canais específicos, como açougues, panificadoras, bancas de revistas, etc.

Podemos ainda dividir essa categoria em duas, entre os clientes de varejo de autosserviço (que não têm vendedores) e os varejos que contam com equipes de vendas.

Venda Recorrente para a indústria - nesse caso, os fornecedores são indústrias, atacados ou distribuidores de insumos para produção de outros produtos, por exemplo:

- Chapas de MDF para a indústria moveleira;
- Ingredientes alimentares para indústrias de produtos lácteos;
- Defensivos agrícolas para produtores rurais;
- Ração animal para criadores;

Ou ainda:
- Peças de reposição;
- Materiais gráficos;
- Embalagens.

Venda Recorrente

Venda Recorrente de serviços de baixa complexidade - empresas de serviços que têm uma demanda recorrente por suas soluções. Nesse caso, como não se trata de um serviço complexo, e consecutivamente de uma Venda de Solução, é normal que essas empresas tenham bases muitos grandes de clientes ativos e inativos. São alguns exemplos de serviços que podem se enquadrar:

- Anúncios publicitários;
- Manutenção de equipamentos;
- Limpeza, pintura e reformas.

Venda Recorrente dentro de um contrato de prestação de serviço - diferentemente da situação anterior, esta venda é vista como uma venda adicional, *cross selling*, em uma base de clientes que já têm um contrato vigente com a mesma empresa. Alguns exemplos:

- Telecomunicações;
- Soluções financeiras;
- *Software*;
- *Outsourcing* de TI.

É muito comum que uma mesma empresa atue em diferentes subgrupos, desses que mencionei. Na maioria das vezes, o mais indicado é que tenha equipes de vendas distintas para cada uma dessas realidades, pois assim facilitará o processo de especialização do time comercial.

CONTEXTO: Para quem é este livro

Vivenciei esses casos em algumas situações, como em uma indústria de chapas MDF que vende tanto para redes de varejo quanto para indústrias moveleiras. Outro exemplo foi em uma indústria de ração animal, que fornece tanto para grandes produtores de peixe, gado e aves quanto para o varejo em lojas agropecuárias e *pet shops*. Ou ainda uma empresa de *outsourcing* de TI, que vende complexos projetos em longos processos de vendas, e também atende demandas recorrentes com vendas pontuais de serviços de armazenamento de dados (*data center*). Isso para mencionar apenas alguns.

Aproximadamente 85% do conteúdo desse método é aplicável para todas essas diferentes realidades da Venda Recorrente B2B que apresentei, tanto para venda de produtos quanto de serviços e nos mais diferentes modelos ou segmentos.

Acredito que na metade da minha experiência eu tenha vivenciado a aplicação dessa metodologia para venda de produtos e na outra metade para a venda de serviços. Por isso, cheguei à conclusão de que, quando aplicado à venda de serviços, esse método ganha novos tópicos e abandona ou pelo menos muda o enfoque de alguns outros.

Logo, uma decisão difícil foi escolher um foco para este livro, dedicando meus exemplos apenas à indústria e distribuição, que já é um universo bastante grande. Até tentei abordar todas as diferentes situações nesta obra, mas me pareceu que ficaria um tanto confuso e superficial.

Assim, optei por escrever esta obra com as técnicas, ferramentas e exemplos que irei compartilhar com você, de maneira clara e objetiva. Você passará a entender e realizar vendas recorrentes com muito mais produtividade, ao mesmo tempo em que estará apto a transportar a sua experiência para outras realidades próximas.

RECEITA RECORRENTE X VENDA RECORRENTE

Uma confusão de conceitos que também pode haver é confundir o que é uma receita recorrente de um modelo onde a venda é recorrente. A primeira, corresponde a um modelo onde é efetuada a venda de um contrato de fornecimento de produtos ou serviços. Nesse caso, se a empresa que vendeu atender aos níveis de serviço combinados em contrato, é natural que as receitas aconteçam de forma recorrente, conforme o planejado. Quem fornece para as grandes redes de varejo sabe bem como isso funciona. Geralmente, essas grandes redes possuem contratos com exigências altas de serviço e preços que forçam uma margem de lucro muito apertada. Em muitos casos é interessante ter esses contratos com as grandes redes, mas depender apenas deles é um risco muito grande para a saúde financeira do seu negócio. As vendas recorrentes, sem existência de contratos de fornecimento, estas sim são geradoras de margens de lucro maiores.

Na venda para o B2C, também acontece um fenômeno interessante. O modelo de assinaturas, que representa uma receita recorrente, popularizou-se e passa a ser o desejo de qualquer empresa que atue tanto com a venda de produtos quanto de serviços para o consumidor final. Encontramos com facilidade assinaturas de cervejas artesanais, ração para os *pets*, lâmina de barbear, maquiagem, e muito mais, sem contar as inúmeras opções de serviços de *streaming* de música, vídeo, armazenamento em nuvem, etc. Particularmente, acredito que, em um futuro próximo, essas empresas que atuam com receita recorrente para o consumidor final também serão obrigadas a aprender a fazer Vendas Recorrentes. Mas como B2C não é o foco deste livro, paramos essa conversa por aqui.

NÍVEL HIERÁRQUICO

Se, por um lado, o modelo de vendas a que se destina este conteúdo está esclarecido, você ainda poderá ter alguma dúvida sobre a aplicação do que está agora em suas mãos. Mas, sem dúvida alguma, independentemente se você atua como vendedor, gestor de equipes ou até mesmo como diretor, certamente encontrará neste livro conteúdos que poderá implementar rapidamente em sua rotina comercial, mesmo antes de terminar esta leitura.

Para facilitar ainda mais e otimizar o seu tempo, o próprio índice deste livro está organizado de forma que você consiga encontrar rapidamente os assuntos de seu maior interesse, embora eu o aconselhe a seguir o raciocínio lógico no qual a metodologia foi construída. Alguns vídeos também foram gravados especialmente para explicar melhor certas partes deste conteúdo. Você poderá acessá-los no final deste livro em um *link* direto para um treinamento gratuito.

No desenvolvimento dos temas de cada uma das 4 Gestões da Venda Recorrente, apresento muitos exemplos de indicadores de desempenho. Assim, posso assegurar que o conteúdo se mostrará útil e prático até mesmo nos maiores escalões administrativos de uma empresa.

Nos exemplos que ilustram os temas deste livro, você encontrará a certeza e a motivação que busca para revolucionar sua forma de vender. Durante todo o desenrolar do texto, irei lembrá-lo de que o mais importante é começar AGORA, no ritmo que lhe for permitido. Ou seja, não espere que grandes mudanças aconteçam na sua empresa para começar a colocar em prática as melhorias que já podem ser implementadas hoje mesmo. As mudanças só acontecem dando um passo de cada vez.

MÉTODO DE VENDAS X SOFTWARE DE GESTÃO DE VENDAS

Certa vez, em uma reunião de *kick off* com os gestores de uma indústria, algo me incomodou um pouco. A cada ponto do projeto que eu explicava – era um cronograma de 12 meses –, um gestor comercial fazia o seguinte comentário:

— Essa parte não será necessária. Estamos terminando de implementar um "*software* Força de Vendas" e tudo isso que você está propondo fazer será automatizado pelo sistema. Os vendedores terão essas informações automaticamente em suas mãos, literalmente, por meio do aplicativo no celular.

Parecia até que ele fazia questão de desdenhar das etapas iniciais de estruturação de novos indicadores comerciais. Para encurtar a história, passaram-se meses, terminou o projeto e, pelo que eu saiba, até hoje o sistema a que aquele gestor comercial se referia não foi implementado. E aquelas semanas iniciais que passamos estruturando os indicadores e relatórios foram determinantes para a gestão comercial da empresa nos meses posteriores.

Não quero desanimar você, caso pense em implementar um *software* CRM, um aplicativo Força de Vendas ou qualquer outro *software* de gestão. Muito pelo contrário. Existem ferramentas fantásticas que automatizam o processo comercial e facilitam a gestão de vendas. Mas a questão é exatamente essa, pois a tecnologia irá apenas automatizar, ela não irá criar nada novo. Se não houver um processo comercial funcionando bem, o *software* não terá utilidade nenhuma.

Na história que contei, o problema não foi da ferramenta ou de seu fornecedor, mas sim do próprio gestor que me interrompeu. A responsabilidade por deixar de fazer as definições de processos que faltaram para a implementação da ferramenta foi dele.

CONTEXTO: Para quem é este livro

Alguns gestores se sentem tentados a acreditar que um *software* irá resolver todos os seus problemas de gestão. Mas falta compreender que, para implementar uma ferramenta de automação comercial, é fundamental tomar muitas decisões, definir as regras, visualizações, pensar no dia a dia do profissional de vendas. Para isso, será imprescindível o envolvimento dos gestores da empresa, incluindo alto escalão, na definição desse sistema.

Vivemos atualmente a quarta revolução industrial. Temos um volume de dados disponível quase infinito, capacidade de processamento de informação impressionante e a possibilidade de gerar conhecimento como em nenhuma outra época da humanidade.

Porém, isso só fará sentido se soubermos usar a tecnologia. Pensar além dos relatórios prontos sugeridos pelo *software* de gestão é uma das competências valorizadas em níveis de liderança. O gestor deve ser capaz de estabelecer um modelo de atuação em que relacione seus indicadores com as ações necessárias para melhorá-los, junto aos seus vendedores.

Da mesma forma, o vendedor precisa estar muito preparado. De nada adiantará ter sofisticados *softwares* CRM se ele não souber captar informações estratégicas com seus clientes, a cada novo contato.

Nesse sentido, vejo o profissional de vendas cada vez mais como um especialista em alimentar sua empresa com informações estratégicas. Ele deixará de ser responsável por tirar pedido e passará a ser responsável por conduzir projetos, junto aos clientes de sua carteira.

Cada empresa está em um diferente nível de gestão e utilização da tecnologia para auxiliar suas rotinas. Mas não importa se a sua empresa já está com o mais moderno sistema, ou dando os primeiros passos rumo ao estabelecimento de seus processos comerciais. Certamente, o conteúdo desse método irá auxiliar você a entender e implementar melhorias em seu atual processo de vendas.

O melhor *software* CRM não vale de absolutamente nada sem uma estratégia bem definida, um processo comercial descrito e um time comercial capacitado. Ao contrário, um profissional capacitado pode definir as melhores estratégias, descrever claramente os processos e empregar novas tecnologias para o aumento das vendas.

CONTEXTO: A morte do vendedor B2B

A MORTE DO VENDEDOR B2B

Pode parecer até um pouco incoerente, a esta altura, escrever um livro com o enfoque que escolhi. Sabe aquela história do vendedor de sapatos que chegou em uma ilha em que todo mundo andava descalço? Nessa ilha, ele poderia se deparar com uma demanda que não existe, ao olhar do pessimista, ou com um amplo mercado onde poderia vender muitos sapatos. Pois é, às vezes me sinto como esse vendedor de sapatos, ao falar diretamente para vendedores e gestores de equipes comerciais que atuam nesse modelo comercial de vendas recorrentes.

Em 2015, a Forrester[2] lançou um relatório chamado *The Death Of A (B2B) Salesman* (*A Morte do Vendedor B2B*), apontando que até 2020 um milhão de vendedores B2B perderão o emprego nos Estados Unidos. Segundo a empresa norte-americana, o fato se deve à crescente popularização de plataformas de *e-commerce* B2B, que conectam empresas aos seus compradores de forma direta, sem necessidade de um atendimento presencial. Segundo eles, até 2021 mais de 13% de toda venda entre empresas nos Estados Unidos já serão realizados através dessas plataformas. Em 2017, a própria Forrester atualizou a sua previsão e constatou que essa mudança está mais acelerada do que ela havia previsto dois anos antes.

Você pode até pensar que isso é apenas lá nos Estados Unidos e que por aqui as coisas são muito diferentes. Mas pense comigo: do lado do comprador, tirar seus próprios pedidos parece muito mais cômodo, pois esse comprador tem acesso ao estoque do seu fornecedor em tempo real, coloca o pedido com muita

---

[2]. A Forrester é uma empresa norte-americana de pesquisa de mercado.
https://www.forrester.com/report/Death+Of+A+B2B+Salesman/-/E-RES122288
https://www.forrester.com/report/Death+Of+A+B2B+Salesman+Two+Years+Later/-/E-RES126861

facilidade sem precisar esperar uma visita e muitas vezes recebe como desconto um percentual sobre o que seria pago de comissão ao vendedor. Do outro lado, para a empresa fornecedora implementar um sistema como esse também é muito atrativo, uma vez que essa tecnologia já está economicamente acessível, ela conseguirá chegar até mesmo nos menores clientes que vendedores geralmente não gostam de atender. Tudo isso de uma forma muito ágil e econômica. Essas plataformas de autoatendimento B2B estão cada vez mais baratas e já são muitas as empresas, até mesmo aqui no Brasil, que as estão implementando.

Mesmo com isso tudo acontecendo, posso afirmar com convicção que a profissão de vendedor recorrente não entrará em extinção, assim como diz o título do relatório da Forrester.

Porém, tenho observado duas coisas que merecem muita atenção. A primeira é que pouquíssimos vendedores "do modelo antigo" estão permanecendo em suas funções. As empresas estão buscando reduzir a dependência de seus resultados desses profissionais mais antigos, ao mesmo tempo em que tentam desacomodá-los e trazê-los para a nova realidade de negócio. A segunda é que a necessidade que vem se desenhando em vendas recorrentes B2B é de um profissional muito diferente do que o de antigamente.

É uma nova profissão e isso não é exagero. São novos indicadores de *performance*, novas fórmulas de remuneração, novas atividades-chave que exigem novas competências e, em muitos casos, novos modelos de vínculo entre empresa e profissional. Será mesmo que a função não estaria sendo reinventada?

CONTEXTO: A morte do vendedor B2B

Fico pessoalmente muito realizado quando conseguimos recuperar vendedores de baixo desempenho, ou ainda presos em práticas antigas, para esse novo modelo de trabalho. Essa é a maior realização que pode existir e o grande motivo pelo qual decidi parar tudo o que estava fazendo para colocar essas ideias neste livro.

Em outubro de 2017, iniciei um projeto que me surpreendeu muito em uma das maiores distribuidoras do Brasil. A velocidade com a qual os seus executivos conseguiram fazer a reestruturação da equipe de vendas foi impressionante. Conseguimos, naquele projeto, aumentar a qualidade de atendimento aos clientes e crescer em positivação e vendas. Tudo isso já seria uma grande vitória, mas, pessoalmente, outro fato me deixou ainda mais realizado: vendemos a mudança para os antigos gestores e representantes comerciais. Tudo foi conquistado junto com aqueles profissionais que conseguiram se adaptar às novas necessidades do mercado em que atuam e da empresa em que trabalham.

No decorrer desta nossa conversa, vou contar um pouco mais sobre essa história, e várias outras, mas deixo já aqui o meu agradecimento a Silvio Stagni e Davi Oliveira, da Allied Brasil, pela confiança e incrível parceria – isso para mencionar apenas alguns dos ótimos profissionais que tive o prazer de conhecer e trabalhar junto nessa grande empresa.

Pude comprovar nos últimos anos que presidentes e diretores de empresas estão dispostos a investir em projetos para levar mais gestão e ferramentas para suas equipes de vendas. Meu desafio, e missão, agora é levar esse conteúdo diretamente para todos os vendedores e gestores de equipes que estejam interessados em seu autodesenvolvimento.

Venda Recorrente

Talvez até pareça que estou contrariando um pouco a lógica, pois praticamente tudo o que vejo escrito ou gravado sobre "B2B" está direcionado para o que entendo como Venda de Solução, com conceitos de *Inbound* e *Outbound Marketing*, *Pipeline* e outros sofisticados nomes em inglês. Por que será que se escreve tanto sobre isso e praticamente nada sobre o modelo de vendas recorrentes? É nesse sentido que às vezes me sinto como o vendedor de sapatos daquela história.

Ao ministrar aulas de MBA em turmas de especialização em *marketing* e vendas, fiquei encantado com a possibilidade de levar os conceitos que aprendi em muitos projetos diretamente para cada aluno. Em salas de aulas com profissionais de diversos segmentos, pude comprovar que a demanda por conteúdo de vendas recorrentes é maior do que a de vendas de solução. Mas, então por que os autores ainda se dedicam muito mais aos outros modelos de vendas? Será que acreditam que em outros segmentos os profissionais estejam mais interessados em livros e treinamentos para a autocapacitação?

Era janeiro de 2018 quando encontrei a peça que faltava para decidir levar este conteúdo diretamente para pessoas físicas. Estava em uma importante feira[3] em Londres com os maiores especialistas em educação do mundo. Ao assistir a algumas palestras inspiradoras, aumentou a minha certeza de que vivemos na era do conhecimento e que este deve estar cada vez mais acessível e barato para todas as pessoas.

Assim, após conhecer novas tecnologias, percebi que poderia usar diversas mídias integradas para passar esse conteúdo ao maior número de profissionais. Tudo isso garantindo a qualidade da mensagem e a tornando mais atrativa para diversos públicos.

---

3. https://www.learningtechnologies.co.uk/

O FUTURO DAS VENDAS RECORRENTES B2B

Vendas é uma das profissões mais antigas que existem. Resgatando a história brasileira, podemos lembrar de figuras, como os mascates, tropeiros e caixeiros viajantes. Eles foram os antecessores dos representantes comerciais como conhecemos hoje. A importância deles é tão grande que até o século XIX foram considerados os principais responsáveis pela circulação de mercadorias nas diversas regiões do Brasil[4].

Com o passar do tempo e com a evolução dos meios de comunicação e transporte, a profissão foi mudando. De repente, o mascate não precisava mais sair com toda a mercadoria nas costas, viajando sem um destino preestabelecido. Então, veio o caixeiro viajante, que viajava tirando pedidos para depois serem entregues para seus clientes. Hoje em dia, o representante comercial tem regiões bem definidas e, frequentemente, trabalha em paralelo com diversos outros canais de vendas das empresas que representa, como: vendedores próprios, televendas, subdistribuidores, e-commerce B2B, para citar alguns.

Assim como os meios de comunicação e transporte, as tecnologias e ferramentas de gestão não param de evoluir. As mudanças nos modelos comerciais não acontecem apenas na venda B2B, basta observar a grande revolução que está acontecendo no varejo.

Meses atrás tive uma conversa com o CEO de um *e-commerce* que atua no varejo de telefonia e eletrônicos. Ele contou que um ano antes dessa nossa conversa, sua empresa começou a vender produtos de outras empresas em seu *site*, e passou a atuar como *marketplace*.

---

4. http://www.corems.org.br/noticias/representante-comercial-um-grande-personagem-da-historia-6/

Venda Recorrente

Ele abriu essa opção apenas para testar, pois seria uma forma de otimizar o alto fluxo de visitantes em seu *site*. Segundo ele, em apenas 12 meses já haviam passado de mil empresas vendendo através de seu site na *Internet* e que naquele momento essas novas vendas já representavam mais de 30% do seu negócio. O que havia começado como um teste despretensioso, em pouco tempo já tinha ganhado importância e mudado consideravelmente o modelo de negócios daquela empresa.

Esse modelo de negócios, que rapidamente ganhou grande proporção nas vendas pela *Internet*, mudou a realidade de muitas empresas que atuam dessa forma. Deu uma sobrevida para as empresas menores, pois passaram a realizar vendas por meio dos *sites* mais famosos. Também foi benéfico para os grandes portais, pois reduziu a necessidade de estoque próprio, aumentando a conversão e otimizando os esforços com publicidade.

Um modelo já muito frequente no varejo virtual não seria também o futuro do varejo físico? Eu, particularmente, acredito muito nesse modelo em que as lojas físicas passarão a trabalhar com os estoques da própria indústria ou distribuição, assumindo um papel de prestação de serviço pela venda realizada. Algumas indústrias já trabalham dessa forma, com produtos ou situações específicas. Em dois projetos que realizei, essa também foi a solução encontrada pelas empresas para trabalhar, principalmente, com clientes com restrição de crédito.

Alguns anos atrás, vários especialistas falavam que o varejo físico iria acabar, impulsionados especialmente pela mudança de comportamento de compra dos consumidores que, segundo eles, passaria a ser todo através da *Internet*. Fizeram um grande alarde que ficou conhecido como o "apocalipse do varejo".

De lá para cá, realmente está havendo bastante mudança, e muitas empresas tradicionais do varejo já fecharam suas portas, por não conseguirem se readequar às novas necessidades de seus clientes. Mas também já ficou evidente que esse não será exatamente o fim do varejo físico.

Quando a Amazon anunciou a compra da rede americana de supermercados Whole Foods por 13,7 bilhões de dólares, em agosto de 2017, e depois continuou fazendo aquisições no varejo físico, já não havia mais dúvida de que o sucesso do varejo estará na convergência entre o físico e o digital.

O mundo está em constante mudança e continuará em ritmo cada vez mais veloz. Tratando-se de modelos de vendas, não será diferente.

Diante desse cenário, a tendência é que exista, cada vez mais, a integração entre os diversos canais de vendas da empresa, possibilitando que um mesmo cliente seja atendido de diferentes maneiras. Tudo isso de uma forma harmoniosa e conveniente para ele. O varejo fala sobre isso há algum tempo, em que o termo *omnichannel* é bastante difundido.

Assim, o vendedor que há pouco tempo era medido apenas pelas vendas que realizava, agora passa a ter métricas de *performance* mais detalhadas.

Imagine agora um cenário que acho provável ser visto nos próximos anos na maioria dos segmentos que atua com a Venda Recorrente B2B.

Grande parte das vendas será realizada pelo próprio cliente nas plataformas *online* B2B, onde conseguirá ter informações sobre o preço, estoque, crédito, prazo de entrega, e muitas outras, tudo personalizado para a sua realidade e com muita praticidade.

Quando um cliente reduzir o seu pedido habitual por meio da plataforma, deixar de comprar algum item, houver o lançamento de novos produtos, ou qualquer outra ação fora da rotina, uma eficiente célula de televendas entrará em contato com ele. Esse vendedor irá ouvir o cliente para entender o que está acontecendo. Também irá registrar as informações no sistema CRM, onde todo o seu histórico será facilmente consultado pelos diversos canais da empresa, pois estarão trabalhando em sintonia. Às vezes, os problemas serão resolvidos por telefone, pois este televendedor estará preparado para argumentar e fechar vendas, assim como para resolver ou encaminhar para solução os problemas de ordem administrativa, financeira, logística ou qualquer outro.

Se o problema relatado pelo cliente for de ordem comercial e não puder ser resolvido por telefone (*chat*, mensagens, etc.) será registrada no sistema uma sugestão de atendimento presencial. Assim, realizada a triagem e a priorização por um gestor comercial, será destinado um vendedor presencial com uma missão específica para cada caso. Poderá fazer um estudo do preço de venda com o cliente, sugerir diferente exposição dos produtos ou ações promocionais, dar treinamento para os atendentes do cliente, ou qualquer outra ação que ajude a neutralizar as objeções do cliente e possa fazê-lo voltar a emitir seus pedidos novamente de forma autônoma. E não se resume apenas a ações de *trade marketing*, pois esse mesmo profissional também deverá estar preparado para propor novos modelos de relacionamento entre indústria e cliente, propondo e monitorando diferentes soluções de crédito, por exemplo.

Nesse cenário que apresentei, cada visita ao cliente deve ter uma missão específica. Dessa forma, os indicadores da equipe de campo vão muito além de pedidos realizados, pois outras métricas devem ser acompanhadas, relacionadas ao engajamento do cliente com sua empresa.

CONTEXTO: O futuro das vendas recorrentes B2B

Assim como no varejo, o sucesso em vendas no modelo B2B também está cada vez mais associado à estratégia e à gestão dos diversos canais de vendas, trabalhando harmoniosamente para melhor atender o cliente.

A boa notícia é que atualmente as tecnologias necessárias para implementar esses modernos modelos comerciais estão acessíveis até mesmo para empresas de pequeno porte. O desafio, porém, é que os conhecimentos sobre estratégias, políticas e processos comerciais ainda estão centralizados nas grandes empresas.

Presenciei, por diversas vezes, executivos que passaram por multinacionais que detêm grande conhecimento da Venda Recorrente B2B, como Ambev, Coca Cola, Unilever, para citar algumas, tendo dificuldade em implementar seus conhecimentos nas novas empresas que trabalharam.

Uma coisa é vivenciar o processo, outra bem diferente é implementá-lo. A maior dificuldade, a meu ver, é a capacidade de definir e gerenciar indicadores que apontem com maior clareza a eficiência comercial e a solidez da carteira de clientes, visto que a eficácia já é facilmente medida com indicadores como faturamento e lucro.

Esse será um tema muito explorado na Parte III deste livro, quando apresentarei inúmeros exemplos de métricas que irão enriquecer sua atuação comercial nesse modelo.

DE QUEM É A RESPONSABILIDADE (ESTRATÉGICO, TÁTICO ou OPERACIONAL)

Ao conversar com o vice-presidente de vendas de uma empresa, ele me disse algo mais ou menos assim:

— O problema está nos meus gerentes comerciais. Eles não sabem como gerir suas equipes e acabam tendo que vender no lugar de seus representantes. Sempre estão correndo de um lado para o outro, e o resultado às vezes não aparece.

Dias após essa conversa, sentei com alguns gerentes para entender, ao ver deles, quais oportunidades de vendas existiam na empresa. Ouvi coisas do tipo:

— A empresa mantém esses representantes antigos que não se comprometem com as metas de vendas da empresa. Os contratos de representação são muito antigos, eu não tenho o que fazer.

Quando saí a campo com alguns representantes, ouvi coisas como:

— Está muito difícil vender, mal ganho para visitar todos os clientes da minha carteira. Quando comecei aqui na empresa, nossos produtos eram solicitados pelos clientes, a qualidade era diferenciada. Hoje, existem pelo menos 15 produtos praticamente iguais e a concorrência é muito mais agressiva nos preços.

Uma das coisas que mais gosto no trabalho de consultoria é o poder de conhecer vários pontos de vista dentro de uma mesma empresa.

A primeira imagem é formada ao conversar em nível estratégico, com um presidente, vice-presidente ou diretor comercial. Geralmente têm uma visão ampla, pouco apegada a detalhes e convicta sobre a simplicidade do que esperam de suas equipes de vendas.

CONTEXTO: De quem é a responsabilidade

Ao conversar com gerentes ou coordenadores, em nível tático, percebo que, na maioria das vezes, eles até entendem a visão do nível estratégico, mas se deparam com detalhes no dia a dia que nem sempre são conhecidos pelo alto escalão.

Em um terceiro momento, quando saio para fazer rota com vendedores, sempre aparecem novos desafios e muitas oportunidades que normalmente não surgem nas conversas com os níveis de cima.

É comum que cada um desses três níveis hierárquicos tenha na ponta da língua o que os outros dois deveriam fazer de diferente para a empresa vender mais.

Você consegue perceber esses diferentes pontos de vista em sua empresa?

A meu ver, o melhor ponto para se começar a implementar mudanças é o nível tático, de média gestão.

Por nível tático, entenda a definição de indicadores de *performance* das equipes comerciais. É o que também chamo de indicadores de meio, pois apontam com maior precisão as oportunidades de melhoria nos indicadores "fim", que são normalmente acompanhados por qualquer empresa, como faturamento ou margem de contribuição. Essas métricas também são muito importantes para demonstrar o nível de engajamento do cliente com a sua empresa, além de estabelecer uma melhor relação entre os indicadores de vendas com as ações realizadas pela equipe comercial. É a diferença entre eficiência e eficácia.

Essa também é uma forma muito interessante para se iniciar um diagnóstico na área comercial de uma empresa, com a simples pergunta: quais são os indicadores que os gerentes de vendas acompanham?

Certa vez fiquei muito impressionado com uma empresa. Como de costume, no início de um projeto, fui conhecer as métricas que já eram acompanhadas pelos diretores e gestores comerciais. Eu já havia passado por inúmeras empresas de alta tecnologia, empresas multinacionais, com executivos renomados e com modelos de gestão muito sofisticados e eficazes. Minha régua não era baixa. Nesse caso, tratava-se de uma empresa nacional, do sudoeste do estado do Paraná e com gestão familiar. Confesso que minha expectativa não era muito alta. Ao conhecer aquele sofisticado modelo de gestão, com métricas muito inteligentes, campanhas gerenciais com ponderação de indicadores segundo sua importância e atualização de DRE por operação, em tempo real, fiquei bastante surpreso.

Esse é o Grupo Cantu, onde tive a oportunidade de trabalhar alguns meses junto de seus sócio-diretores, Jeferson e Peterson Cantu.

Poucos indicadores de meio irão sugerir que a empresa tem baixa maturidade comercial. Muitos indicadores, com a segurança de que são confiáveis e de que geram ações concretas após sua apuração, darão indícios de alta maturidade.

Essa experiência me ensinou que alguns segmentos são mais "duros" que outros. Nesses casos, ainda mais do que em outros, apenas empresas que investem constantemente em seu modelo de gestão comercial conseguem prosperar. O mercado de frutas, verduras e legumes, na Cantu, foi uma grande escola sobre vendas recorrentes.

Quando você tem e acompanha diversos indicadores de meio, como nesse caso, logo surgem demandas de nível estratégico e operacional.

O motivo de esse ser o meu ponto de partida favorito é bastante simples. Pense comigo. Começar com treinamentos para equipe de vendas, antes de definir os indicadores de *performance*, não é muito produtivo, pois não será possível acompanhar a evolução sobre aquilo que está sendo orientado.

CONTEXTO: De quem é a responsabilidade

Por outro lado, iniciar com definições estratégicas antes de definir os indicadores comerciais de meio pode gerar decisões desconexas da realidade.

Veja um exemplo prático, que presencio com bastante frequência em empresas que não têm uma base confiável de indicadores de meio.

A empresa encontra-se em um momento de aumento de portfólio de produtos. Logo, definimos novos indicadores de meio, como: itens por cliente, famílias de produto por cliente, média de meses com positivação, com análises por item e família e muitos outros. Vamos abordar esse tema com detalhes em toda a Parte III deste livro. Após a definição desses indicadores, que são de fundamental importância para uma boa gestão do *mix*, surgem algumas observações e necessidades de ações em cada um dos níveis hierárquicos da área comercial:

Nível	Observação/ Ações necessárias
Ainda em nível tático	Validar a origem e confiabilidade dos dados; criar os relatórios com os indicadores definidos; implementar métricas objetivas para mensurar o quanto a equipe comercial conhece do *mix* de produtos; desenvolver e ministrar treinamentos de segmentos de clientes, produtos, técnicas de vendas, CRM, etc.
Estratégico	Cada segmento de clientes tem aderência a apenas uma parte do *mix* da empresa que, por sua vez, já se encontra muito extenso para que um mesmo vendedor dê conta. Será necessário formar diferentes equipes de vendas, para que os vendedores se especializem em determinados segmentos. Será necessário definir e formalizar os produtos que correspondem ao *mix* de cada segmento e, por conseguinte, de cada equipe comercial. Atualmente, a empresa tem apenas um canal de vendas, sendo os representantes comerciais. Para conseguir uma penetração de *mix* na extensa carteira de clientes, será necessário estruturar novos canais de vendas para trabalharem em sintonia (televendas, vendedores próprios, *e-commerce* B2B, etc.). Implementar processo de CRM, com *software* para armazenamento das informações sobre os clientes e análises de oportunidades de vendas.
Operacional	Mapear oportunidades de inserção de *mix* em cada cliente; Apresentar produtos do *mix* mais aderentes à realidade do cliente. Descrevendo assim parece simples? Pois saiba que não é. Muitas estratégias fracassam justamente por subestimar essa etapa. Manter um time comercial capacitado é indispensável e falaremos mais sobre isso nos próximos capítulos.

Venda Recorrente

Mesmo parecendo que as definições estratégicas eram óbvias, começar pela definição e mensuração dos novos indicadores de meio irá gerar um histórico de referência.

Quando a empresa fizer os ajustes de canais de vendas e *mix* de produtos, ficará mais fácil acompanhar a eficácia dessas ações estratégicas.

Se você tiver à sua disposição dados históricos confiáveis, poderá fazer uma análise retroativa e avançar para as definições estratégicas com maior velocidade.

Em resumo, para uma empresa vender mais, geralmente serão necessárias ações nos três níveis hierárquicos, porém o melhor para se iniciar as mudanças é o nível de média gestão.

Com métricas eficientes, será possível justificar mudanças estratégicas com mais clareza, além de otimizar qualquer orientação ou mudanças em nível operacional.

Certamente, a sua empresa não precisa de *softwares* sofisticados ou grandes investimentos para conseguir dar um passo a mais na definição e gestão dos seus indicadores.

Se a sua empresa tem um sistema convencional de faturamento (ERP), é provável que já tenha inúmeros dados que poderão se tornar informações estratégicas para a gestão de suas vendas.

Com a leitura dos próximos capítulos, uma enxurrada de ideias irá passar por sua mente.

Anote todas elas. Se você conseguir implementar e acompanhar um novo indicador que seja, tenho certeza de que você já estará em um patamar comercial acima do que está neste momento.

VOCÊ TEM TALENTO?

Alguma vez você já se perguntou se realmente tem o perfil ideal para desempenhar suas atividades, sejam elas de vendas ou de gestão?

Talvez esse seja um assunto bem resolvido para você, ou pode ser que ainda lhe restem algumas dúvidas. Agora, se você for gestor, tenho certeza de que faz esse questionamento com relação aos membros de sua equipe. Você deve pensar: "Será que vale a pena instruir, treinar, direcionar algumas pessoas? Até que ponto vale a pena investir tempo em um profissional?".

Um conceito muito antigo em recursos humanos é a definição de competência por meio dos três ingredientes conhecidos como CHA, que significam: Conhecimento, Habilidade e Atitude.

O conceito é correto, mas, para os atuais desafios de gestão de pessoas, se mostra bastante incompleto. Diagnosticar e desenvolver conhecimentos e habilidades em um profissional não garantirão que ele terá atitude de colocar o que foi aprendido em prática. Seria o mesmo que esperar que todas as pessoas que cursaram administração de empresas se tornassem administradores. Ou então duvidar que alguém que não tenha essa formação acadêmica seja capaz de exercer a função com competência. Não faz sentido.

Segundo a Gallup[5], 90% das empresas listadas na Fortune 500 utilizam sua metodologia baseada nos pontos fortes de cada profissional.

Sendo uma das maiores empresas de pesquisas do mundo, a Gallup investiu muitas décadas de pesquisa e milhões de dólares para a criação de sua ferramenta de Assessment Cliftonstrengths e todo ecossistema de produtos relacionados com a sua metodologia dos Pontos Fortes. Os dois principais

---

5. https://www.gallup.com/corporate/212381/who-we-are.aspx

nomes por trás dessa grande pesquisa são Marcus Buckingham e Donald O. Clifton.

Essa nova abordagem proposta, já aderida pelas maiores empresas, defende que os profissionais devem ser alocados em atividades e desenvolvidos com base nos pontos em que já têm predisposição de aprendizagem.

Sendo assim, em lugar de competência, a metodologia trata sobre pontos fortes. A definição de ponto forte, segundo Buckingham é: "Um desempenho estável e quase perfeito em determinada atividade".

Em substituição ao CHA, ele considera como componentes fundamentais para um ponto forte:

Talentos – são os seus padrões naturalmente recorrentes de pensamento, sentimento ou comportamento.

Conhecimento – fatos e lições aprendidos.

Técnicas – são procedimentos de uma atividade.

Os talentos podem ser diagnosticados por ferramentas de análise de perfil. Algumas das mais reconhecidas e utilizadas são: DISC, Perfil Caliper, Predictive Index, Cliftonstrengths, APPWeb, para citar algumas. Essas ferramentas, cada uma com sua metodologia e nomenclaturas, irão apontar a sua predisposição para planejar, negociar, liderar, organizar, e muitas outras ações.

No livro *Descubra seus pontos fortes*, os autores explicam o processo biológico da construção de nossos talentos e defendem a ideia de que o gasto de energia para desempenhar atividades às quais não temos essa predisposição é muito grande.

CONTEXTO: Você tem talento?

Em uma função, como a de vendas ou gestão, estão envolvidos vários pontos fortes e talentos diferentes. Você não terá todos os talentos que envolvem sua função. Porém, será fundamental conhecer aqueles que estão mais evidentes em você, para então transformá-los em pontos fortes. São nesses pontos que você deverá direcionar sua maior atenção, pois só assim conseguirá se destacar em sua atividade.

Eu mesmo aprendi isso ao me conhecer e me desenvolver como vendedor. Para mim, a organização é muito mais espontânea do que a comunicação, para mencionar um exemplo. Como pode um vendedor (e até mesmo um palestrante ou escritor) não ter grande talento em comunicação? Tenho dificuldade em improvisar conversas aleatórias ou então contar detalhadas histórias que eu tenha vivido, o que pode ser muito simples para a maior parte dos vendedores. Porém, consigo compensar com organização e planejamento. Tenho facilidade em captar e ordenar as ideias dos clientes, colocando-as no papel em formato de propostas didáticas e muito personalizadas. Assim, sinto entusiasmo e vontade de falar sobre o fruto de minha organização. Provavelmente, eu não teria os mesmos resultados se eu recebesse as propostas feitas por outra pessoa.

O que eu quero lhe dizer com esse exemplo é que você precisa se conhecer muito bem, pois só assim irá conseguir se desenvolver. É preciso saber em quais talentos você é mais forte e em quais não é. Além disso, precisará entender se é possível compensar seus talentos mais fracos com os mais fortes e de que forma fazer isso.

Se eu tentasse ser um vendedor daqueles que, ao chegar em um novo local, conseguisse envolver várias pessoas em volta de mim, provavelmente eu me frustraria por não conseguir. Simplesmente porque me falta talento para isso. Usando esse mesmo exemplo, aprendi que teria maior facilidade em abordar uma pessoa da qual eu já tivesse pesquisado sobre ela, para então ingressar em uma conversa que eu saberia onde gostaria de chegar. Eu queria ter aquele outro talento, mas não o tenho. Por isso, precisei desenvolver meus outros talentos em pontos fortes para desempenhar bem minhas atividades.

Um exemplo que gosto de usar para ilustrar esse conceito é pensar em dois grandes treinadores, igualmente vitoriosos e competentes, porém com perfis completamente diferentes. Podemos mencionar Pepe Guardiola e José Mourinho, ou então Bernardinho e Zé Roberto. Um pode conseguir melhores resultados por sua liderança; o outro, por aspectos técnicos. Enfim, é possível se destacar explorando diferentes pontos fortes envolvidos em uma mesma função.

Quando as pessoas pensam na atividade de vendas, logo vem à sua mente um profissional persuasivo. Alguém que está a todo momento tentando lhes vender algo. Mas nem sempre é assim, ou apenas assim, em vendas recorrentes B2B.

Após conviver com muitos campeões de vendas, e estudar várias metodologias de análise de perfil, relacionei a seguir cinco principais talentos que envolvem a Venda Recorrente B2B:

Talento	Observação
Planejamento	Esse talento geralmente é observado em vendedores que têm carteiras de clientes com resultados homogêneos, pois não ficam dependentes de poucos clientes. Conseguem fazer uma leitura sobre toda a sua carteira e território, para então definir ações que otimizem o seu tempo e resultado. Caso a empresa em que trabalhe não tenha processos e ferramentas comerciais bem estabelecidos, outro talento poderá ser muito importante para conseguir planejar com eficiência: organização. Nesse cenário, sem organização será ainda mais difícil planejar com qualidade. Os pensamentos estratégico e analítico também complementam uma alta capacidade de planejamento.
Relacionamento	Este é um talento que pode ter vários outros envolvidos, como a empatia, o carisma e a comunicação. Ser uma companhia agradável e sensível aos interesses e às preocupações da outra pessoa, o ajudarão a ser visto como um aliado. Assim, será mais simples conseguir realizar uma primeira venda para um novo cliente ou aumentar gradativamente as quantidades e o *mix* vendido.

CONTEXTO: Você tem talento?

Persuasão	Esse talento está associado à facilidade a qual você encontra motivos para convencer outra pessoa. Por exemplo, se a sua empresa colocou um novo produto no *mix*, um vendedor persuasivo irá encontrar motivos para apresentá-lo com entusiasmo para seus clientes com muito mais facilidade do que um vendedor que não tem esse talento. Costumo dizer que vendedores persuasivos são como uma esponja, que estão a todo momento atentos e absorvendo motivos para persuadir. Se você é do tipo que observa mais os pontos positivos do que os negativos de seus produtos, certamente encontrará mais facilidade para atingir os seus resultados, principalmente para abrir novos clientes e vender novos produtos.
Negociação	Profissionais com esse talento entendem que é possível negociar sem prejudicar o relacionamento, têm resiliência e imparcialidade e entendem o papel do negociador exercido por seu cliente. Conseguem enxergar um ambiente de negociação com otimismo e motivação para buscar o melhor acordo. Dependendo da complexidade da negociação, esta só será eficaz acompanhada de outros talentos, como pensamento estratégico e planejamento.
Acompanhamento	Também podemos chamar de gestão do processo. É um talento muito importante para modelos de vendas em que o cliente não toma a decisão no momento em que o vendedor faz a oferta. Por exemplo, se você for muito persuasivo, conseguirá despertar o interesse do cliente pelo produto, mas se não tiver o talento do acompanhamento, sempre estará iniciando novas oportunidades de vendas e concluindo poucas, daquelas que não forem fechadas no momento. Em processos de vendas complexas, esse talento é ainda mais importante. Quanto menos processos e ferramentas são ofertados pela empresa, maior é a necessidade deste talento pela equipe de vendas.

A ordem de importância entre esses 5 talentos pode variar de um caso para o outro. Fatores como as características do canal de venda, os processos e as ferramentas existentes, a cultura organizacional ou a complexidade da venda são alguns aspectos que podem fazer um desses talentos ser mais importante do que outro.

Uma pergunta que sempre ouço é: será melhor ter um vendedor extremamente extrovertido e relacional, ou um perfil planejador e disciplinado? É melhor trazer alguém da área técnica que já domina o conhecimento de produto e ensinar a vender, ou trazer um bom vendedor e capacitá-lo com o conhecimento de produto?

Veja um exemplo de como o perfil mais adequado para uma função pode mudar, a depender do tipo de vendas.

Venda Recorrente

Negociação é um tema essencial para um processo de venda de produtos de tecnologia para grandes redes varejistas, em que cada venda pode representar um negócio de muitos milhões de reais, além de envolver inúmeros pontos de concessão. Menor importância pode ter esse tema para a venda de água mineral para pequenos bares e restaurantes, onde é praticada uma tabela de preços mais simples com menos pontos a serem negociados.

Para um gestor, além desses 5 talentos, outros serão necessários. Antes de pensar em quais serão importantes, alguns pontos devem ser observados. Esse gestor será responsável por construir os processos e as ferramentas de gestão comercial ou apenas executá-las? Definições estratégicas, como posicionamento, definição de canais de vendas ou políticas comerciais fazem parte do escopo desse profissional? Esse gestor tem outros líderes subordinados a ele? Qual é o perfil da equipe desse líder?

Uma das melhores abordagens para mapeamento de perfil de liderança que conheço é o *APP Web*, da professora e doutora Maria Lúcia Rodrigues. Tive o privilégio de trabalhar com essa grande profissional durante alguns meses. Estudei sua metodologia com profundidade, para então auxiliar no ajuste de seus relatórios para diversos perfis de vendedores.

Segundo a sua metodologia, para um gestor de nível tático dois talentos merecem atenção: a liderança motivacional e a capacidade de acompanhamento, ou liderança *coach*, como a doutora também o chama. O primeiro, muito importante para que o líder mobilize sua equipe, agrega seus liderados e estimula o processo motivacional em busca de um resultado comum. O segundo, fundamental para que o líder desenvolva seus liderados, exercendo assim o papel de treinador e apoiador em seu desenvolvimento.

CONTEXTO: Você tem talento?

De uma forma muito didática, os relatórios do *APPWeb* na versão para líderes aparecem com uma matriz chamada de *grid* da liderança:

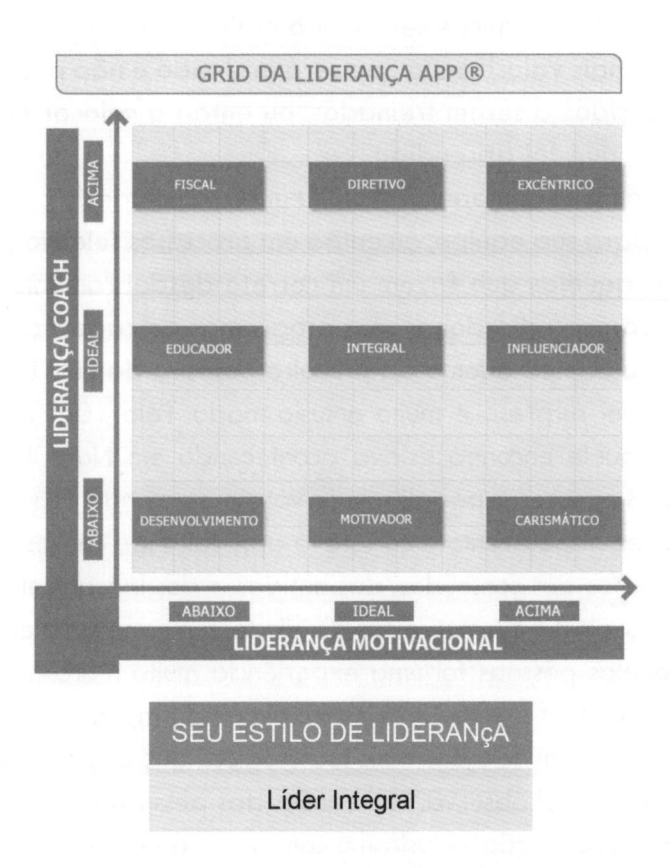

GRID DA LIDERANÇA APP ®

	LIDERANÇA MOTIVACIONAL		
	ABAIXO	IDEAL	ACIMA
ACIMA	FISCAL	DIRETIVO	EXCÊNTRICO
IDEAL	EDUCADOR	INTEGRAL	INFLUENCIADOR
ABAIXO	DESENVOLVIMENTO	MOTIVADOR	CARISMÁTICO

(eixo vertical: LIDERANÇA COACH)

SEU ESTILO DE LIDERANÇA
Líder Integral

Nesse exemplo, o perfil avaliado tem a liderança "integral", pois está em nível ideal, tanto de liderança *coach* (acompanhamento) quanto de liderança motivacional. Veja que, dependendo da combinação entre esses dois talentos, o *grid* da liderança irá sugerir um diferente perfil de liderança.

Antes, com o CHA, a ideia era capacitar os profissionais com conhecimentos e habilidades e esperar que eles tivessem determinadas atitudes. Hoje, o mais eficaz é identificar os talentos de cada profissional, pois esses têm maior potencial para se tornarem pontos fortes. Dessa forma, capacitá-los com os conhecimentos e técnicas será muito mais simples, uma vez que os profissionais valorizam o que será ensinado e não precisarão ser convencidos a serem treinados, ou então a colocar em prática aquilo que foi aprendido.

Embora muitas empresas já utilizem ferramentas de avaliação de perfil para sua equipe, ou então em processos seletivos, ainda são raras aquelas que fazem um correto desdobramento dessa informação para direcionar seus programas de capacitação.

Quando conheci o tema da primeira palestra da NRF Big Show 2017[6], fiquei surpreso e muito entusiasmado. Pelo 106º ano consecutivo, aquele encontro estava acontecendo em Nova Iorque e reunindo os maiores especialistas de varejo do mundo. Era a minha primeira vez nesse evento e eu estava aproveitando cada segundo. Embora muitos dos conteúdos, das notícias e dos lançamentos estejam disponíveis na *Internet*, estar dividindo o mesmo ambiente que todas aquelas pessoas foi uma experiência muito marcante. Além de ouvir palestras dos maiores especialistas do mundo e de visitar expositores com as soluções mais tecnológicas que existem na atualidade, foi possível observar as reações das pessoas ao meu redor: surpresa, preocupação, entusiasmo com a mudança e tantas outras.

Vários colegas que conheci nos pavilhões daquela enorme feira, e que já acompanhavam este evento havia muitos anos, falaram que era a primeira vez que lembravam de o tema "pessoas" ser abordado com tanta ênfase, principalmente em

---

6. A Feira NRF Big Show é o maior e mais importante evento de varejo do mundo, organizado pela NRF (National Retail Federation), e ocorre anualmente na cidade de Nova Iorque, EUA, reunindo os principais executivos atuantes no mercado de varejo do mundo.

uma palestra magna de abertura. A palestra que abriu o primeiro dos três dias teve o tema "Construindo a força de trabalho do amanhã: como varejistas estão atraindo e retendo talentos".

Ali reacendeu a minha crença de que, mesmo em meio a tanta tecnologia e a novos canais de vendas, o investimento em pessoas ainda será determinante para o sucesso de uma organização. O que é preciso, é que este seja conduzido de forma mais moderna, eficiente e eficaz.

Dois vendedores, na mesma função, podem ser igualmente bem-sucedidos mesmo possuindo perfis diferentes.

QUAIS RESULTADOS VOCÊ IRÁ OBTER COM ESSE MÉTODO

Essa é uma das perguntas que ouço com maior frequência. Tanto de executivos, antes de decidir por um projeto, quanto de gestores de equipe e vendedores, assim que as ações de campo se iniciam.

Consigo facilmente me colocar no lugar desses profissionais e entender o motivo da pergunta. Quem contrata tem a preocupação de investir em algo certo, que traga retorno financeiro e realmente faça sentido para sua empresa.

Certa vez, essa pergunta veio do fundador e maior acionista de um cliente. Estávamos no início de uma reunião de conselho em que eu havia sido convidado para apresentar o projeto, pois aquele era apenas o primeiro dos 12 meses de cronograma estabelecido. Aquele senhor, que muito parece com um tio que eu amo muito, fez a pergunta de forma bastante sábia. Ficou evidente que ele não estava interessado em ouvir um percentual. Ele tinha maior interesse em saber como eu responderia àquela pergunta.

— Sua empresa sofre de um mal muito comum, que eu conheço de inúmeras outras indústrias. Eu comecei.

Ele então me olhou com mais atenção.

— O senhor está há 30 anos no mercado e, durante a maior parte desse tempo, teve o melhor produto. Porém, parece-me que os esforços da empresa estão apenas direcionados à área industrial, sem muita atenção com as vendas. Pelo que conheci até aqui, são poucos os indicadores de *performance* das equipes de vendas e quase nenhum conhecimento centralizado sobre os seus clientes, o que começa a dificultar as demais estratégias da empresa.

CONTEXTO: Quais resultados você irá obter com esse método

— Não dá para continuar assim, não é mesmo? Ele comentou. Confirmei com a cabeça.

— A partir do próximo mês começaremos a analisar vários outros indicadores comercias, que ajudarão a chegar nesses principais que já são medidos hoje. Todo mês olharemos para esses números e para as ações que estamos fazendo para melhorá-los. Seus vendedores receberão essas métricas e um passo a passo detalhado de como evoluir. Muitos dos profissionais que geralmente não batem a meta passarão a bater.

Ele continuou olhando atentamente, e parecia estar satisfeito com a resposta. Mesmo assim, não quis deixar aquela pergunta sem uma resposta mais objetiva.

— Em situações de projetos semelhantes, conseguimos crescer entre 20 a 30% de vendas com a implementação do método. Mas teremos novos indicadores que apontarão com maior precisão a eficiência das equipes de vendas e do projeto que estamos iniciando. Tenho certeza de que esses novos indicadores também ganharão a atenção do senhor.

Ao final do projeto, fizemos uma consolidação de resultados. Tivemos um crescimento de 31% da base total de clientes não bloqueados; aumento de 171% de novos clientes positivados por mês; mais 9,5% no total de clientes positivados. As análises continuaram por tamanho de cliente, por família de produtos que cada cliente comprou e muitas outras. Tudo apontava para uma evolução de maturidade da equipe comercial.

Quando analisamos o crescimento das vendas, no geral, o número não foi tão empolgante. Havia, sim, um crescimento, mas não chegara à referência de 20 a 30% que eu havia dado.

No meio do caminho, a empresa identificou a necessidade de romper com um grande subdistribuidor. A dependência dele para o resultado era muito grande, mas nociva para o futuro da empresa, pois foram identificadas situações de quebra de contrato.

Venda Recorrente

Mesmo assim, o percentual de crescimento de vendas em nenhum momento foi mencionado por qualquer membro do conselho. Estava claro que, depois de 30 anos de existência, aquela empresa passava a assumir a gestão comercial de seu negócio e apontaria para um crescimento sustentável.

Contei essa história, mas poderia ser a de dezenas de outros clientes, em histórias semelhantes.

A proposta deste livro não é reinventar a roda, ou apresentar conceitos mirabolantes.

Em grande parte dos projetos que participei não foi necessário ensinar novos conceitos, mas sim ajudar as empresas a implementarem as mudanças necessárias em suas respectivas áreas de vendas.

A proposta dessa metodologia é simples e direta: consolidar processos que, em parte, já estão presentes em empresas que têm sucesso nesse modelo de vendas, para que também estejam disponíveis a qualquer profissional que tenha interesse em se aprofundar nesse assunto.

Mais do que isso, tenho interesse em proporcionar uma ferramenta prática, na qual você encontre de forma centralizada todo, ou quase todo, o conhecimento que precisa para implantar um método em seu modelo de vendas recorrentes B2B. Espero que você encontre respostas que possam ajudá-lo a vender mais a partir de agora.

PARTE 2:

FERRAMENTA

FERRAMENTA: Ficha de Combate

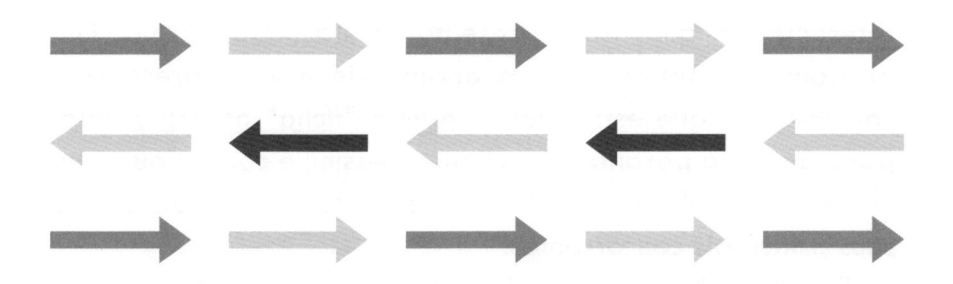

A FICHA DE COMBATE

Eu estava em dúvida em qual parte do livro abordar esse assunto. Quando apresentei o índice ao Davi, perguntando o que ele achava, ele me questionou onde eu havia inserido o conceito da Ficha de Combate.

Expliquei que estava distribuído dentro dos próximos capítulos. Foi então que ele me sugeriu dar um espaço dedicado para esse conceito e ferramenta, pois conhecendo a minha metodologia, ele sabia da grande importância dessa parte. Ainda bem que deu tempo de fazer esse ajuste, antes de enviar o texto fechado para a editora.

Origem e conceito

Este conceito de Ficha de Combate que irei lhe apresentar é fruto do que aprendi, criei e lapidei após trabalhar com muitas ferramentas que são conhecidas em diferentes segmentos.

Por exemplo, empresas de tecnologia que atuam com a Venda de Solução utilizam o termo *Battle Card* — chamado de Ficha de Combate em português — para uma ferramenta diferente da qual irei apresentar nesta metodologia. Empregam esse termo para a análise de uma empresa concorrente, em que estruturam em uma "ficha" os argumentos para anulá-la perante seus clientes. Assim, é comum que uma companhia tenha uma ficha de combate para cada um de seus principais concorrentes.

É como um jogo que eu adorava quando era criança, chamado *Super Trunfo*. Na minha época, meu *Super Trunfo* preferido era o de carros esportivos. Se eu estava com a ficha de um carro muito veloz, logo pedia para comparar o critério de velocidade com a carta do meu amigo. Se eu estivesse com a carta de um carro com melhor aceleração de 0-100 km/h, essa seria a minha pedida para comparação, e assim por diante. O jogo é muito legal, mas essa dinâmica em vendas não funciona muito bem.

Conduzi laboratórios de vendas com vendedores e gestores que trabalharam durante muitos anos em empresas como Microsoft, Oracle, SAP, IBM, entre outras gigantes de tecnologia, e esse modelo de *Battle Card* foi mencionado como familiar por todos, embora eles mesmos questionassem a ajuda que recebiam com essas informações.

Trazendo para a analogia sugerida pelo próprio nome da ferramenta, penso que esse modelo deveria se chamar Ficha de Armas, pois para se preparar para um combate ainda faltam informações muitos importantes.

Para começar, cada combate é único, por mais que o inimigo seja o mesmo.

Como nos ensinamentos da *Arte da Guerra*, escritos por Sun Tzu 500 anos antes de Cristo, para se ter sucesso em uma batalha é

FERRAMENTA: Ficha de Combate

preciso conhecer muito bem a si mesmo, o seu inimigo, o terreno de batalha e as armas de cada um.

Fazendo uma relação entre uma batalha e a competição que é enfrentada no seu mercado, frente aos seus concorrentes, podemos ter a seguinte interpretação:

Terreno - o terreno, ou campo de batalha, é o cliente. É ali que tanto você quanto seus concorrentes brigarão para conquistar cada espaço onde existam oportunidades. Quanto melhor você conhecer esse terreno, maiores serão as suas chances de fazer movimentos vencedores. Em uma batalha, o poder de uma arma pode ser potencializado ou minimizado, a depender do terreno em que ela acontecerá.

Armas - são os diferenciais que cada empresa tem. Condições comerciais, largura ou profundidade do *mix* de produtos, preço ou posicionamento da marca, são apenas alguns exemplos de "armas" que você deve conhecer a fundo, tanto as suas quanto as dos seus concorrentes.

Inimigo - são as empresas concorrentes. Logicamente, não quer dizer que somos inimigos das pessoas que trabalham em nossos concorrentes, não é isso. Mas fazendo analogia com uma batalha, as empresas concorrentes são aquelas que estão disputando os mesmos territórios que você. Além de conhecer as armas que utilizam, é fundamental entender como elas pensam, qual a sua estratégia, como se posicionam.

Nós mesmos - precisamos ter claro a todo momento qual é o nosso posicionamento e quais são as nossas estratégias. O conhecimento sobre o histórico de batalhas ganhas e perdidas também é de extrema importância para traçar estratégias eficazes.

Podemos lembrar de muitas histórias em que os exércitos com menor poder bélico ganharam combates de exércitos tidos como mais poderosos, justamente por terem maior conhecimento sobre o território de batalha e optarem pela tática de combate mais eficaz para a situação.

Tive a oportunidade de conhecer o castelo de Stirling, na Escócia, palco da história retratada por um de meus filmes favoritos, *Coração Valente*. Apesar das inconsistências históricas do filme, a mensagem é muito inspiradora. Como William Wallace conseguiu conduzir os camponeses escoceses a resistir à investida do poderoso exército inglês. Sem dúvida, uma incrível lição de liderança de pessoas e tática de batalha.

O fracasso da investida alemã ao enfrentar o inverso russo na Segunda Guerra Mundial ou ainda guerras como a do Vietnã e Iraque, por mais polêmicas que possam ser, também apresentam lições fundamentais sobre a importância do conhecimento do território em uma batalha.

Concordo que aquela ferramenta genérica de comparativo entre empresas e soluções é importante, porém não é o suficiente para traçar batalhas específicas em cada cliente.

Acredito que o conhecimento sobre o cliente — que considero como o terreno de batalha — é indispensável para ter uma análise sobre suas reais oportunidades e ameaças em cada combate.

Foi em 2013 quando conheci o termo Ficha de Combate, e a aplicação no meio de empresas de tecnologia, com o ex-cliente e hoje amigo Jeziel Montanha. Em uma das maiores empresas de *software* para entidades governamentais do Brasil, evoluímos juntos o conceito dessa ferramenta, já pensando nela

FERRAMENTA: Ficha de Combate

aplicada e customizada para cada cliente. O que me inspirou, anos mais tarde, para ajustar também à realidade das vendas recorrentes B2B.

A Ficha de Combate é um resumo sobre o cliente, que permite uma rápida e concisa análise sobre suas reais oportunidades e ameaças em cada situação. Essa ferramenta facilita o seu entendimento, e de qualquer outra pessoa da sua empresa, para definir e acompanhar ações em cada cliente com o objetivo de retenção, crescimento ou ampliação do relacionamento.

Imagine a seguinte situação: você conseguiu que o seu diretor o acompanhasse em uma visita a um cliente que tem um grande potencial, a seu ver, de comprar ainda mais. Mas a visita foi agendada em cima da hora, e você teve poucos minutos, apenas no trajeto até a reunião, para explicar para o seu diretor as oportunidades que você identificou nesse cliente.

Você começou a contar várias histórias, apontar algumas características e tentou justificar que esse cliente precisava de condições comerciais diferenciadas, pois certamente iria compensar a parceria estabelecida. Mas, à medida que você tentava explicar, seu diretor continuava a não entender todas as oportunidades que, a seu ver, existiam.

Para estar na "mesma página" que você, seu diretor precisava ter um conhecimento aprofundado sobre o cliente em questão, mas não havia tempo nem informações estruturadas no momento para facilitar essa comunicação. Era preciso que ele entendesse pontos como:

- Quais as características dessa empresa cliente? Segmento, posicionamento e porte?

Venda Recorrente

- Quem são as pessoas-chave de relacionamento no cliente e como acontece a decisão de compra? Quem são os influenciadores e decisores?
- Ainda sobre as pessoas da empresa cliente, quais são as características, o perfil, as preferências de cada uma?
- Qual o histórico de vendas, em volume e *mix* nesse cliente? Qual a relação da margem ou preço médio com esses desempenhos?
- Qual o histórico de oportunidades de vendas perdidas?
- Qual é o principal concorrente que nos atrapalha nesse cliente?
- Quais os objetivos de vendas estabelecidos para esse cliente?
- Qual o comportamento de compra dessa empresa cliente? Prefere qual tipo de atendimento? Quem é o fornecedor preferido?
- Quais outros concorrentes atuam nesse cliente? Com quais condições?
- Quais as oportunidades que temos de crescimento nesse cliente (volume e *mix*)?
- Quais condições poderiam ser adotadas para maximizar os resultados nesse cliente?

Os campos da Ficha de Combate devem ser customizados para cada empresa. A disponibilidade de informações do sistema, o processo de atualização das ferramentas, o nível de maturidade da equipe de vendas, são apenas alguns dos fatores que influenciarão a quantidade e aprofundamento de informações que serão levantadas.

FERRAMENTA: Ficha de Combate

MAIS DO QUE UM PLANO DE CONTAS

Outra ferramenta conhecida em alguns segmentos é o Plano de Contas — *Account Planning* — para quem prefere termos em inglês.

Se você atua, ou já atuou, com essa ferramenta terá muita facilidade em entender o conceito da Ficha de Combate. O objetivo é semelhante, pois o seu desenvolvimento também é realizado com base em um cliente específico.

Desenvolvido na maioria das vezes em um documento *Word* ou *PowerPoint*, geralmente o Plano de Contas é feito para os maiores clientes da empresa, que são geridos por profissionais conhecidos como KAM — *Key Account Manager*.

O lado positivo dessa ferramenta é que ela apresenta bastante detalhe sobre cada conta. É comum que tenha vários *slides* de informações dedicadas para um mesmo cliente.

A dificuldade, a meu ver, é utilizar esse modelo para gerenciar uma grande quantidade de clientes, ou então para identificar e agrupar características similares entre diferentes empresas. Quando muitos vendedores e líderes de equipe estão envolvidos no processo comercial, a complexidade de gerir essa ferramenta é ainda maior.

Por isso, um dos conceitos da Ficha de Combate é o cuidado quase que obsessivo pelo *layout* da ferramenta e pelos campos de seleção, que irão ajudar a consolidar as informações e facilitar a sua leitura.

É nesse cuidado que a Ficha de Combate se diferencia de um plano de contas convencional.

Quanto mais tempo você investir na definição do *layout* e nos campos de seleção de sua Ficha de Combate, menos tempo você passará implorando para sua equipe de vendas preenchê-la.

EXEMPLO DE FICHA DE COMBATE

Uma dica simples, porém muito importante, é definir os principais tópicos que devam estar na ferramenta antes de partir para os detalhes. Nesse momento, considere as necessidades da equipe de vendas, nos diferentes níveis hierárquicos e das áreas de apoio a vendas. Pense também na sua disponibilidade de informações geradas pelo seu sistema (ERP ou CRM). Outro fator importante, é estimar o espaço que cada tópico terá, considerando a sua importância para uma ágil, porém profunda, leitura sobre cada cliente.

Se você já tem um *software* CRM, considere que a sua Ficha de Combate será um resumo dos principais campos, proporcionando uma leitura objetiva, ao mesmo tempo em que é profunda e facilita a tomada de decisão sobre cada cliente. Descarte, para essa visão, todas as informações que não forem imprescindíveis para uma análise comercial do cliente.

Vou apresentar um exemplo de *layout* desenvolvido no *Microsoft Excel*, por ser uma ferramenta acessível a maior parte das empresas. Assim, acredito que você consiga começar a desenvolver a sua agora mesmo.

Em certa ocasião, consegui implementar um processo muito eficaz em que foram acompanhados com essa ferramenta mais de 200 clientes estratégicos, distribuídos por todas as regiões do Brasil, geridos por dezenas de profissionais de vendas e tudo com o *Excel*.

Exemplo de uma visão geral em uma folha A4:

FERRAMENTA: Ficha de Combate

Identificação da empresa cliente

Mapeamento do poder (contatos da conta)

Comportamento de compra do cliente

Seu histórico de vendas no cliente

Análise de participação x oportunidades no cliente

Últimas oportunidades de vendas no cliente (ganhas e perdidas)

Últimas ações x próximas ações

Venda Recorrente

Por questão de espaço e visualização, acesse o exemplo de Ficha de Combate escaneando o *QR code* a seguir com seu celular, ou acessando o *link*:

http://vendarecorrente.com.br/ficha-de-combate

Identificação da empresa cliente: nesta parte deverão estar informações que o ajudem a identificar o segmento do cliente, o canal de vendas, o porte, dentre outras que sejam pertinentes ao seu mercado. No primeiro tópico da Gestão do Território, apresento o conceito PCA – Perfil de Cliente-Alvo e apresento dicas importantes para ajudá-lo na definição desses campos.

É muito importante que você selecione apenas as informações imprescindíveis para esta ferramenta. Se você importar todos os campos do seu sistema como, por exemplo, inscrição estadual, municipal, endereço completo, dentre outras, sua Ficha de Combate ficará muito extensa e com a leitura pouco prática. Logo, perderá completamente o seu sentido.

No exemplo, os campos "Principal segmento" e "Principal canal de vendas do cliente" têm opções fechadas de preenchimento, ou seja, você não precisará escrever, apenas escolher a melhor opção em uma lista.

Uma dica é você sempre separar esses dois tópicos, pois, em alguns casos, as opções podem se sobrepor. Por exemplo, o

FERRAMENTA: Ficha de Combate

segmento pode ser "loja de suplemento", sendo que o principal canal de vendas dessa empresa pode ser loja física, e-*commerce* ou ainda um subdistribuidor especializado nesse segmento.

A qualidade com a qual você define as opções em suas listas de seleção impactarão completamente na eficácia da sua ferramenta. Apenas com listas inteligentes será possível criar filtros entre toda a sua carteira de clientes e identificar os padrões necessários para conduzir ações comerciais focadas.

Mapeamento do poder: um resumo objetivo dos principais influenciadores e decisores da empresa cliente irá ajudá-lo muito com a personalização do atendimento. Para definir a quantidade mínima de pessoas do cliente que você deverá mapear, considere alguns pontos importantes. O porte da empresa, a complexidade da tomada de decisão do seu cliente e a sua quantidade de clientes em carteira.

Por exemplo, se você tiver um cliente em sua carteira que fatura R$ 15 milhões por mês, é provável que o processo de tomada de decisão seja mais complexo do que um cliente que fature R$ 150 mil por mês. Consecutivamente, nesse caso, você precisará considerar mais contatos para fazer um eficiente mapeamento do poder nessa empresa. Geralmente, a quantidade de contatos a serem mapeados irá variar entre dois contatos por cliente até oito ou mais.

No exemplo existem dois campos que provavelmente sejam novos para você, mas que aconselho muito que estejam em seu mapeamento de poder.

O Perfil de *Stakeholder* tem a ver com o perfil comportamental de cada profissional, independentemente da função que exerça na hierarquia da empresa ou da influência no processo de compra. São sete perfis que foram mapeados por uma das maiores pesquisas realizadas na área de vendas, no último século. Apresento mais detalhes sobre esse estudo e essa metodologia no artigo contido no apêndice deste livro: "Pesquisa mundial classifica sete perfis de *stakeholders* na venda: saiba como mapeá-los!".

DANI também é provável que seja um termo novo para você. Existem várias metodologias que classificam o nível de influência/decisão de uma pessoa no processo de compra. Uma das mais didáticas que conheço, e já em português, é este conceito desenvolvido há muitos anos pela consultoria Sucesso em Vendas.

D	DINHEIRO	(ou 1° nível) É a pessoa responsável e com poder de decisão sobre o orçamento para compra/contratação da sua solução ou de seu produto. É quem assina o contrato.
A	AUTORIDADE	(ou 2° nível) Não é decisor, mas tem autoridade técnica para viabilizar ou inviabilizar a compra/contratação da sua solução ou de seu produto. Pode ser da área de compras, *marketing*, vendas, etc.
N	NECESSIDADE	(ou 3° nível) Não é decisor e não tem autoridade formal, mas tem influência no processo de compra, pois utiliza ou depende das suas soluções ou de seus produtos.
I	INTERESSE	(ou 4° nível) Não é decisor, não tem autoridade formal e não tem necessidade sobre os seus produtos ou serviços, mas mesmo assim tem algum interesse (negativo ou positivo) em seu processo de venda.

Comportamento de compra: fundamental para apoiar uma efetiva gestão do relacionamento. É preciso enxergar o cliente dentro de alguns comportamentos de compras preestabelecidos e que facilitem o seu planejamento de atendimento da carteira e das demais ações comerciais na conta.

FERRAMENTA: Ficha de Combate

Esse assunto é abordado com mais detalhes no capítulo Gestão do Relacionamento, em que tratamos do tema "Crie *clusters* por comportamento de compra".

Seu histórico de vendas no cliente: a quantidade de informações nesse campo e o nível de profundidade delas irá depender muito da sua realidade.

Em determinada situação, estipulei para analisar nessa ferramenta apenas o histórico de vendas das cinco principais famílias de produtos, nos últimos três meses. Já em outro caso, a decisão foi de analisar todas as famílias de produtos com histórico de 12 meses, avaliando não apenas a venda, mas também a respectiva margem de venda em cada mês.

No *link* que mencionei anteriormente apresento também um exemplo mais complexo, implementado em um momento em que já tínhamos adquirido certa maturidade na gestão da Ficha de Combate. A análise de resultados começava com uma visão resumida dos últimos três anos, contemplando o faturamento divulgado pelo cliente (não são todos os casos em que essa informação é disponibilizada), com as vendas realizadas por nossa empresa, incluindo a margem da venda tanto em percentual quanto em valor financeiro e a análise da participação de mercado dentro desse departamento do cliente.

Não são todos os casos em que dispomos de informações como essas e que precisamos de um nível tão aprofundado de análise. Mas o exemplo pode servir de inspiração e ser facilmente adaptado para diversas realidades.

Venda Recorrente

> **Dica:** é provável que o seu financeiro tenha informações de faturamento de seu cliente, geralmente solicitadas para a concessão de crédito. O percentual que você pode vender para ele é conseguido por meio de perguntas feitas diretamente ao cliente, abordo esse assunto no capítulo sobre Gestão do Relacionamento. Consolidação e cálculos de volume de vendas e margem são disponibilizados pela maioria dos *softwares* ERP. Para análise da sua participação, basta fazer uma correção do seu faturamento no cliente, com um percentual de margem média aplicada pelo varejo, para então poder ser comparado com o faturamento do cliente no respectivo departamento que você representa. Apresento com detalhes esse assunto em Gestão do Mix.

Uma visão mais tradicional para o histórico de vendas no cliente é apresentar os dados de 12 meses do faturamento de cada família de produtos. Mesmo se a sua empresa já tem *softwares* de gestão (CRM, BI, Força de Vendas) que fornecem informações detalhadas, como de positivação por cliente e por produto, sugiro que você estruture em uma Ficha de Combate um resumo dessa análise, para facilitar a sua leitura completa sobre o cliente em questão.

Atenção a um erro que é muito frequente em várias empresas: algumas empresas têm *softwares* sofisticados para analisar informações, porém quando um gestor é questionado sobre uma informação, ele se orgulha de dizer que facilmente pode encontrá-la em poucos segundos por meio de seu BI (*Business Intelligence*). Até aí está excelente, mas o problema é que, em grande parte das vezes, informações importantes ficam de fora da rotina de análises, justamente por "serem fáceis" de ser identificadas. Por terem uma ferramenta cuja busca de informação é muito simples, em alguns casos os

FERRAMENTA: Ficha de Combate

gestores simplificam suas rotinas de relatórios. Uma informação fora de uma rotina de análise com ações efetivas para tratá-la não tem grande significado para um gestor.

Dentro desse tópico, você ainda pode criar outros modelos de visualização, de acordo com sua necessidade e disponibilidade de informações no sistema, como a "meta de vendas *versus* o realizado nos últimos meses", podendo ser analisadas por família de produtos.

Análise da participação x Oportunidade no cliente: uma parte fundamental da Ficha de Combate é a análise sobre quanto "território" ainda existe a ser explorado no cliente. Em uma ocasião, conseguimos ter um nível de detalhamento muito profundo, por se tratar de um canal de vendas responsável apenas por grandes contas. Nessa situação, fizemos amplo levantamento sobre a participação de cada concorrente de nossa empresa no respectivo cliente, inclusive com análise sobre as famílias de produtos inseridas. Em outro caso, optamos por uma análise menos detalhada, porém que já representou um enorme salto no acompanhamento dos clientes da carteira. Nesse segundo exemplo, optamos por mapear apenas a quantidade que poderia ser obtida em alguns produtos que o vendedor havia visualizado como oportunidades e alinhamos um custo objetivo com o cliente, para então levar a proposta para sua empresa. Essas estratégias, porém, só funcionam com uma equipe comercial muito bem treinada para identificar as oportunidades em seus clientes e conduzir a negociação para inserção de novos produtos. Situação que será vista com detalhes no capítulo sobre Gestão do *Mix*.

Últimas oportunidades de vendas no cliente (ganhas e perdidas): manter as últimas oportunidades de vendas, tanto as ganhas quando as perdidas, facilmente disponíveis em sua Ficha de Combate também o ajudará a fazer uma análise rápida sobre o cliente em questão. Porém, esse é um dos campos muito difíceis de acompanhar em Fichas de Combate feitas manualmente em planilhas de dados. Tenha isso como um objetivo de análise, para aplicar em um segundo momento, quando já tiver automatizado o seu processo.

Últimas ações x Próximas Ações: dependendo da quantidade de clientes que você tenha em sua carteira, essa gestão de atividades por meio da Ficha de Combate em formato manual pode ser bastante complexa. De qualquer forma, sugiro que, mesmo começando a gerir as suas Fichas de Combate em uma planilha Excel, defina entre três a cinco clientes estratégicos para fazer esse acompanhamento de modo mais detalhado.

Caso o seu processo já esteja automatizado em um *software* CRM, será mais simples fazer esse acompanhamento para 100% da sua carteira.

ATUAÇÃO SNIPER

A Ficha de Combate transforma o profissional de vendas em um *sniper*. Mesmo se você não tiver intimidade com termos militares, é provável que você já tenha visto a figura do atirador de elite, conhecido como *sniper*, retratado em algum filme ou documentário.

A diferença entre um *sniper* e um soldado comum não está apenas na habilidade de acertar um alvo. Um atirador de elite tem uma forma diferente de pensar, maior controle emocional e conhecimentos mais amplos sobre o inimigo e o propósito da batalha.

Em 2008, passei um ano atuando em Portugal pela antiga empresa da qual eu era sócio. Minha missão foi ajudar

FERRAMENTA: Ficha de Combate

o CEO da empresa em terras lusitanas, meu amigo Pedro Ruivo, a aumentar a base de clientes ao mesmo tempo em que fazíamos o intercâmbio entre as melhores práticas da consultoria entre os dois continentes.

No começo, Pedro achava que eu estipulava poucos alvos para abordarmos, mas, com o tempo, ele passou a ser fã do estilo que passamos a chamar de "prospecção a *sniper*". Sempre adorei esse termo e essa forma de abordagem planejada e com um propósito específico em vendas. Trabalhando dessa forma, conseguimos dezenas de reuniões e bons contratos com empresas que tínhamos enorme interesse em atendê-las.

Anos mais tarde, utilizei pela primeira vez essa analogia em um evento. Foi em um treinamento de prospecção das equipes que atendem ao mercado PME (Pequenas e Médias Empresas) da operadora de telefonia Claro, no sul do Brasil. Ao customizar o evento com os gestores de *marketing* e vendas André Santini e Antonio Pizarro, lembramos de um filme que ajudou muito a transmitir a essência da abordagem comercial que iríamos apresentar.

Sniper americano é um filme de 2014, dirigido por Clint Eastwood que retrata muito bem a atuação de um atirador de elite. O filme conta a história real de Chris Kyle, soldado americano que fez história na guerra entre os Estados Unidos da América e o Iraque, por se tonar o maior atirador de elite de todos os tempos.

Em uma cena em especial, fica muito evidente a diferença de atuação entre o soldado comum e o atirador de elite. Quando Chris Kyle (*sniper*) encontra o seu irmão Jeff Kyle (soldado comum), a caminho da guerra do Iraque, acontece um diálogo muito interessante. Chris está confiante, cheio de energia e entusiasmo com a sua missão naquela guerra.

Seu irmão, Jeff Kyle, fica feliz em ver Chris, mas está claramente contrariado em estar naquela situação militar.

O filme conta toda a história sobre como cada um dos irmãos foi parar naquela guerra, o que explica muito as posturas diferentes. As diferenças entre esses dois tipos de soldados são as mesmas encontradas entre um vendedor da velha guarda, apenas responsável por tirar pedidos, e o vendedor que este método propõe:

Sniper	Soldado
Tem conhecimento sobre quem é o inimigo – sabe qual é o seu propósito.	Está sendo conduzido, não sabe ao certo por que está nesta batalha.
Estudou muito e desenvolveu grande habilidade de tiro.	Não precisa de grandes habilidades.
Controla seus sentimentos e age pela razão.	Dominado pelos seus sentimentos, age apenas por instinto de sobrevivência.
É temido pelo inimigo.	O inimigo nem o conhece.

O *sniper* talvez seja a melhor representação sobre o perfil de profissional que cada vez mais será requisitado em vendas recorrentes. É alguém que não tem atividades automáticas, pois em cada ação de sua responsabilidade serão exigidos grandes níveis de concentração, foco e propósito.

Assim como não existe *sniper* que não tenha uma arma, não faz o menor sentido um vendedor que não atue com a Ficha de Combate.

DICAS VALIOSAS PARA ELABORAR A SUA FICHA DE COMBATE

- Todos os níveis hierárquicos da empresa devem participar da construção do *layout* e dos campos de seleção

FERRAMENTA: Ficha de Combate

da Ficha de Combate. A ferramenta precisa atender às necessidades de análise do cliente, aos olhos do presidente, dos diretores, gerentes e vendedores.

- Envolva também na construção e no acompanhamento das Fichas de Combate todas as áreas importantes para o processo: *marketing*, financeiro, crédito, pós-venda, etc.

- Acerte na dosagem! É melhor ter menos informações na Ficha de Combate, mas que estas sejam sempre preenchidas e acompanhadas por toda a equipe de vendas. Uma dica é evoluir a complexidade da Ficha de Combate, à medida que toda equipe demonstre aderência aos modelos mais simples. Sempre que possível, limito o tamanho da Ficha de Combate a uma folha A4 quando impressa.

- Comece em um *Flip Chart*, evolua para o *Excel* e, apenas quando todos estiverem familiarizados e utilizando a ferramenta sem nenhuma dúvida, evolua para um *software* CRM.

- Muito foco na definição do *layout*, na usabilidade e, principalmente, nos campos de seleção (segmento, canal de vendas, etc.).

- Evite desgastar a equipe de vendas com muitas alterações de modelo. Certifique-se de que todos compreenderam a mudança, sempre que esta for necessária.

Se a Ficha de Combate é uma ferramenta estratégica, ela precisa estar diariamente nas rotinas dos Diretores e Presidentes.

Venda Recorrente

Ao ler os próximos capítulos deste livro, em que apresento detalhadamente a metodologia da Venda Recorrente B2B, tenho certeza de que ficará mais fácil você entender quais campos deverão estar em sua Ficha de Combate.

PARTE 3:

O MÉTODO

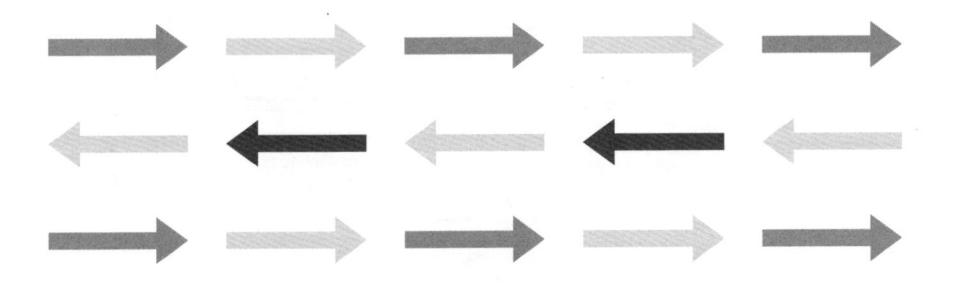

O MÉTODO

Embora alguns profissionais percebam que não aproveitam todas as oportunidades de vendas existentes, nem sempre conseguem entender o caminho necessário a ser percorrido para obter o maior potencial de seu território e de sua carteira de clientes.

Após implementar métodos de vendas específicos para diversas empresas, criei uma abordagem que chamo de "As 4 Gestões da Venda Recorrente", em que estruturamos um passo a passo detalhado que o fará entender e adaptar para a sua realidade ações práticas que o ajudarão a ter maior produtividade e resultado.

A imagem a seguir ilustra bem a metodologia que criamos, inspirada em um ciclo PDCA.

Venda Recorrente

As 4 Gestões da Venda Recorrente ®

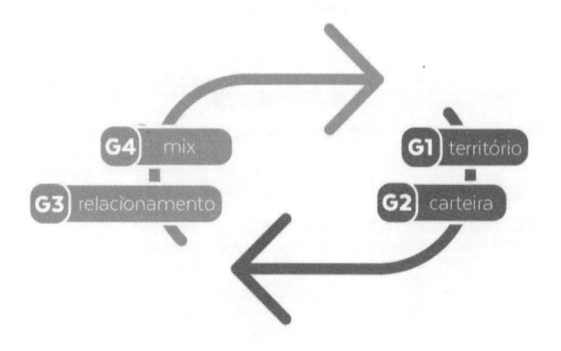

```
        G4 mix              G1 território
     G3 relacionamento      G2 carteira
```

Por mais que a ordem de cada uma das quatro gestões tenha sido definida com base em sua cronologia, é importante dar destaque para as Gestões do Relacionamento e *Mix*, pois elas apresentam um novo olhar em vendas recorrentes, que exigem uma nova abordagem dos vendedores que atuam nesse modelo.

Quando implementadas de forma eficaz, as gestões do Relacionamento e *Mix*, estas retroalimentam as estratégias de expansão de Território e Gestão da Carteira.

Essa metodologia prepara o vendedor para a realidade da Indústria 4.0, onde a tecnologia e o alto volume de informações exigem um profissional muito mais consultivo e que trabalhe em sintonia com todos os canais de vendas de sua empresa (*e-commerce* B2B, televendas, representante comercial, vendedor próprio, etc.).

Alguns dos assuntos abordados em cada uma das quatro gestões da Venda Recorrente:

G1 – Gestão do Território - como definir o perfil do cliente-alvo, dimensionar o potencial do território de atuação, estabelecer as etapas do funil de vendas para conquistar um novo cliente e conduzi-lo da melhor forma até a obtenção de uma primeira venda.

G2 – Gestão da Carteira - como estabelecer planejamento e rotina de atendimento dos clientes conquistados. Como mapear a carteira de clientes com a metodologia RFV (Receita, Frequência e Valor), definir um atendimento com frequência e sequência de contatos, identificar e conduzir ações específicas com clientes inativos e inadimplentes.

G3 – Gestão do Relacionamento - como mapear os clientes em *clusters* (grupos) por comportamentos de compra e ter respostas ágeis para cada diferente perfil de cliente. Como mensurar e desenvolver objetivamente o nível consultivo com cada cliente atendido.

G4 – Gestão do Mix - como mapear as oportunidades e identificar o potencial real de compra dos clientes da carteira, para obter o melhor desempenho com venda de *mix* em cada cliente. Como retroalimentar a Gestão do Território com uma abordagem direcionada pela venda de cada família de produtos.

Embora o índice esteja separado em temas que ajudarão a encontrar os assuntos de maior interesse, aconselho que leia a metodologia na ordem proposta, para ter um maior aproveitamento do conteúdo.

Ao final de cada capítulo, você encontrará um resumo contendo o seu principal objetivo, as atividades-chave e os possíveis indicadores de meio – este último indispensável para conseguir efetivamente fazer de cada um destes capítulos uma gestão em seu negócio. Sem os indicadores, isso não passará de teoria.

G1 - GESTÃO DO TERRITÓRIO

Qual é o tamanho do seu mercado-alvo? Quanto dos seus produtos ou serviços podem ser vendidos em seu território de atuação? Como mapear e conquistar novos clientes de forma ordenada e constante?

Eu sei que essas perguntas não são fáceis de responder. Mas, vamos lá, você deve concordar comigo que elas são imprescindíveis para a construção de uma Gestão de Território eficaz.

Essas perguntas devem ser respondidas por você, sem titubeio, independentemente do seu nível hierárquico na empresa. Porém, se você for líder de uma equipe, ou até mesmo de outros líderes, as perguntas ganham ainda uma complexidade adicional: seus liderados concordam com a sua visão sobre o potencial total de vendas e a forma como devem conquistá-lo?

Essas perguntas dão indícios sobre o nível de maturidade da gestão comercial da empresa. E nem sempre o tamanho da empresa tem a ver com seu nível de maturidade. É isso mesmo: muitas vezes, empresas menores, mais jovens, começam suas atividades com uma visão muito consistente sobre o mercado que desejam obter e, naturalmente, crescem e se tornam rapidamente grandes companhias.

Na sequência, vou compartilhar com você os conceitos fundamentais a serem levados em conta e também algumas experiências que tive na implementação da Gestão de Território em diferentes mercados.

DEFINA O PCA - PERFIL DE CLIENTE-ALVO

Para implementar uma gestão eficaz do território é preciso, antes de mais nada, definir qual é o tipo de cliente que se quer atender e dedicar tempo para a sua conquista. Qual é o seu norte, ou o da sua equipe, quando faz prospecções em busca de expandir sua carteira de clientes? Mais do que isso, quantos clientes existem em sua região que se enquadram nesse perfil? Se a sua resposta foi "muitos", "vários", ou qualquer outra resposta que não seja um número, esse já será um ótimo ponto de partida para melhorar a gestão de sua região de vendas.

A definição do PCA – Perfil do Cliente-Alvo o ajudará muito a canalizar os seus esforços e direcionar suas ações comerciais. Em resumo, você passará a olhar o seu mercado focando em clientes prioritários, que são aqueles que se enquadram no PCA que você definiu. Eventualmente serão feitas vendas para clientes fora desse perfil. Você não deixará de vender caso a empresa não se enquadre exatamente no perfil que você traçou. Porém, o mais importante a considerar é que você terá sempre um referencial para guiar suas ações.

Empresas que podem atender a diversos segmentos devem estruturar Canais de Vendas, ou pelo menos equipes dedicadas, para os segmentos mais relevantes ao seu negócio. Apenas assim conseguirá ter uma equipe focada e especialista no mercado em que se propõe atender.

Em uma empresa do ramo de embalagens que implementei o método de vendas, o PCA definido era de empresas que consumissem mais de uma tonelada de papelão ondulado por mês, nos municípios determinados em um raio próximo das suas unidades fabris. Como a empresa comercializava embalagens, não fazia grande diferença o segmento de atuação. Mesmo assim, tinha profissionais que se especializaram em vender embalagens diferenciadas para alguns segmentos específicos.

Em outra empresa, uma indústria de produtos de higiene e limpeza, o PCA definido eram supermercados acima de três *checkouts* (caixas de pagamento). Mas com o método de vendas, a companhia passou a dedicar equipes exclusivas para o atendimento de determinados segmentos, como o hoteleiro.

Dependendo do segmento no qual você atua, pode dar mais ou menos trabalho, mas certamente você terá uma Gestão de Território e de Carteira muito mais eficaz se conseguir trabalhar com contas nomeadas, ou seja, ter o registro sobre quais são esses clientes prioritários, em todo o seu território.

ALGUNS FATORES QUE DEVEM SER CONTEMPLADOS PARA AUXILIAR NA DEFINIÇÃO DO SEU PCA

Ao definir seu PCA, dizer que o seu alvo são empresas grandes, médias ou pequenas, ou qualquer outra característica subjetiva, não irá ajudar muito. É preciso definir critérios objetivos, para que nenhuma outra pessoa da sua organização tenha dúvidas se o potencial cliente se enquadra, ou não, no perfil definido. Acompanhe a seguir alguns pontos que você pode contemplar na sua definição de perfil.

1- SEGMENTOS-ALVO

É muito importante pensar em segmentos-alvo para conseguir dimensionar o tamanho do seu mercado. Por exemplo, fica mais fácil mapear quantas farmácias existem em sua região, do que tentar imaginar onde estão as pessoas que sentem dor de cabeça e precisarão dos seus medicamentos. Claro que, nesse caso, falo como profissional de vendas, pois, para o *marketing*, a segunda alternativa tem muito valor para traçar as estratégias de comunicação para o cliente final. Naturalmente, você poderá ter mais de um segmento-alvo, dependendo dos seus produtos. Nesse exemplo, vamos supor que, além de farmácias, você também venda para hospitais e clínicas, mas evidentemente com abordagens muito diferentes. Supermercados, panificadoras, postos de combustíveis, lojas de eletroeletrônicos, livrarias, materiais de construção, hotéis, restaurantes, cooperativas, agropecuárias, *pet shops*, são apenas alguns exemplos de segmentos.

Se além das suas vendas você também for responsável por uma equipe comercial, precisará mais do que simplesmente definir os segmentos-alvo. Nesse caso, você deverá criar uma classificação de segmentos que dê conta de todos os seus possíveis clientes.

Por isso, tenha muito cuidado e evite usar listas de segmentos prontas. Crie a sua própria lista, com bastante critério e ponderação, e evite três problemas bem típicos, como descritos a seguir.

!!! CUIDADO !!!

1- Listas muito extensas
O ideal é que você tenha no máximo sete ou oito segmentos mapeados, escolhidos com muito critério e ponderação, dentro da sua realidade no mercado. Assim ficará mais fácil que seus vendedores identifiquem e atendam devidamente cada segmento de cliente.

2- O uso de "outros"
Tanto quanto possível, evite o uso da classificação "outros" em sua lista de segmentos. Se adicionar "outros" for inevitável, então monitore sempre o percentual de clientes que recebem essa atribuição. Infelizmente é normal ver, em várias empresas, que mais da metade de seus clientes estão classificados como "outros". Ou seja, uma classificação que não tem nenhum valor gerencial. Se você tiver mais do que 10% de clientes classificados dessa maneira, procure abrir uma nova classificação ou rever com sua equipe a forma de preenchimento correto dos formulários de classificação.

3- Critérios sobrepostos
Outro erro frequente é definir critérios que possam ser sobrepostos. Se uma mesma empresa pode ser marcada em mais de um segmento, essa marcação já não o ajudará muito. É importante que você defina claramente a diferença de perfil entre as empresas pertencentes a cada segmento definido.

2- PORTE OU POTENCIAL DE COMPRA

Outro ponto importante, para fazer a gestão do seu território, é atribuir aos clientes uma classificação de Porte ou Potencial de Compra. Ter uma frequência regular de compra dentro de uma quantidade mínima são dois dos critérios mais usados para a definição do potencial de compra em vendas recorrentes.

Em uma fase preliminar de avaliação do cliente, é comum nos limitarmos a separar as empresas em dois grupos: clientes-alvo e não alvo.

Por exemplo, dependendo dos critérios de cada empresa, poderiam ser classificados com potencial de cliente-alvo os seguintes casos:

- Todo varejo de eletroeletrônico que compre pelo menos R$ 100 mil em televisores todos os meses.

- Todo hotel ou restaurante que compre mais de R$ 3.000,00 de águas e refrigerantes todos os meses.
- Todo supermercado que tenha entre três e 20 *checkouts*.

É muito importante relacionar todos os clientes em potencial que se encontrem dentro do seu território, não importa se eles ainda não compraram em sua empresa, se já compraram uma vez ou outra, ou se já são clientes frequentes. A prioridade nesse momento é mapear os clientes, classificá-los e localizar os mais importantes da sua região, que irão ser alvos diretos dos seus objetivos e de suas ações de vendas.

Você naturalmente fará vendas para outras empresas, além dessas que estipulou como foco prioritário. Mas, para organizar as suas estratégias de vendas no mês, será muito mais eficaz direcionar esforços para aquelas que você já sabe que têm maior potencial.

Um dos mais famosos indicadores de Gestão de Carteira, que veremos com detalhes nos próximos capítulos, é a "positivação". Ou seja, a quantidade de clientes que compraram durante o mês, ou em qualquer outro período que você queira analisar.

Quando você implantar essa classificação de clientes prioritários, o indicador de positivação ficará muito mais preciso, pois irá eliminar aquelas vendas esporádicas que não estavam em seu planejamento e, mesmo assim, acabaram acontecendo.

Pare agora por um momento e preencha o quadro a seguir, para tornar mais claro qual é o seu PCA, para fazer sua gestão do território mais completa e eficaz:

Venda Recorrente

Liste a seguir os seus critérios para definição do seu Perfil de Cliente-Alvo

"Para quem não sabe o que quer, qualquer coisa serve."
(Autor desconhecido)

MAPEIE O TERRITÓRIO

Ao mapear o seu território, o primeiro ponto com o qual deve ter cuidado é: evite o perfeccionismo. Já vi muitos profissionais fracassarem na gestão de território por ficarem fixados na busca do número perfeito. Nesses casos, por não conseguirem encontrar um número que estejam 100% seguro, acabam por continuar atuando sem uma gestão de território.

O ditado "o bom é inimigo do ótimo" nos diz que se contentar com o bom não deve ser o suficiente, pois é preciso sempre buscar o ótimo. Mas também podemos pensar em outra possibilidade, invertendo a frase: "o ótimo é inimigo do bom". O que faz muito mais sentido nesse exemplo. Se nos concentramos puramente na busca do ótimo, ou vamos perder muito tempo, ou iremos abandonar a ideia, não conseguindo sequer o bom.

Sobre essa ideia, gosto muito de uma frase que Reid Hoffman, fundador da rede social LinkedIn, disse certa vez: "Se você não tem vergonha da primeira versão do seu produto, você demorou demais para lançar". Atualmente, e cada vez mais, o sucesso de profissionais e empresas está muito mais associado ao "*timing*" do que ao perfeccionismo. O perfeccionismo muitas vezes nos faz perder o momento ideal para executar uma ação.

Comece a sua gestão de território sem querer que ela seja perfeita. Depois, faça continuamente as melhorias que identificar serem necessárias.

Nesse sentido, é importante dar o primeiro passo e iniciar sua listagem, seguindo os critérios de PCA que você mesmo definiu. Mesmo que você sinta que conhece pouco dos potenciais clientes do seu território, comece a colocar no papel. Crie o hábito de sempre consultar essa listagem e de alimentá-la a cada oportunidade, coletando informações em conversas com colegas, clientes, chefes, ou qualquer outra pessoa que o possa ajudar a ampliar o seu mapeamento.

A *Internet* também pode ser uma grande aliada nessa fase de levantamento. Se o seu mercado potencial for muito amplo, por exemplo, peça ajuda para o Google ou qualquer outro buscador.

Não espere conseguir mapear todo o seu mercado do dia para a noite. Mas comece já. Pense que essa listagem é o seu combustível para fazer abordagens ordenadas para conquistar novos clientes. Assim, garanta que pelo menos você tenha uma boa quantia de potenciais clientes mapeados para dar ritmo ao seu processo de expansão de carteira.

Certa vez, percebi que uma equipe comercial estava com muita dificuldade para fazer o mapeamento de seu território. Mesmo após minhas instruções, o gestor daquele time falou que não estava conseguindo prosseguir. Quando analisei o seu PCA, dizia: lojas de conveniência que trabalhem com o segmento de produtos X.

Nesse caso, expliquei para o gestor que esse critério estava muito específico, pois sua equipe conseguiria aquela informação apenas conversando com as empresas. Esse tipo de informação faz mais sentido em um processo de qualificação, mais adiante no processo de prospecção de novos clientes.

É importante entender que a dificuldade no mapeamento do território pode indicar que o seu PCA não está bem definido. Ou está genérico demais, e você tem dificuldade em fazer buscas de empresas que compreendam esse perfil, ou está muito específico. Pode estar tão específico que você não encontre facilmente essas informações antes de conseguir um contato com elas.

Se esse for o caso que estiver acontecendo, deixe esse aprofundamento de informações para outro momento. Essas informações serão suas diretrizes para quando iniciar o contato com o cliente-alvo.

Vamos analisar um exemplo:

Cliente	Segmento	Potencial de compra/ mês	PCA?
Farmácias Z	Farmácias e drogarias	R$ 1.500	Sim
Drogaria YZX	Farmácias e drogarias	R$ 10.000	Sim
Rede V	Farmácias e drogarias	R$ 25.000	Sim
Hospital X	Clínicas e hospitais		Não
Farmácia LP	Farmácias e drogarias	R$ 0	Não
Clínica Pediátrica V	Clínicas e hospitais		Não

Nesse exemplo, vamos supor que foi definido que o PCA são farmácias e drogarias, independentemente de seu potencial de compras. Veja que desde empresas menores até uma rede de farmácias são consideradas PCA.

Já a "Farmácia LP" foi sinalizada como potencial R$ 0, pois está sem comprar, muito provavelmente em fase de encerramento de atividade. Por isso, não vale a pena considerar como um cliente-alvo.

Clínicas e hospitais também estão na relação de clientes, em que serão contabilizadas as vendas realizadas para eles e evidentemente serão atendidos quando apresentarem uma demanda.

A coluna PCA apenas está demonstrando os clientes que, nesse exemplo, foram definidos como alvos e que terão o foco das estratégias e ações de vendas. Ou seja, são esses clientes que estarão em seus roteiros de visitas, projeções de vendas, etc.

CRIE AS MÉTRICAS DO FUNIL DE VENDAS

Agora que você já definiu o seu PCA e mapeou o potencial do seu território de atuação, precisa definir como irá acompanhar seu desempenho na prospecção e conquista desses clientes, conseguindo assim uma primeira venda.

É nessa etapa que entra o conceito de funil de vendas, ou *pipeline*, como é chamado em inglês e por muitas empresas aqui no Brasil.

Funil de vendas nada mais é do que um conjunto de etapas que levam até a conquista do cliente. Para maior eficiência na prospecção de novos clientes, todo o processo de identificação e conquista deve ser fracionado em etapas, para indicar o quão perto você está de atingir os seus objetivos.

Vamos supor que a cada dez visitas a novas empresas você consiga gerar três orçamentos, o que representa uma eficiência de 30%. Ainda nesse exemplo, a cada três orçamentos você consegue efetivar uma venda, obtendo uma eficiência de 33% sobre a conversão de orçamentos em vendas e de 10% ao analisar o processo como um todo, desde a primeira visita até a concretização da venda. Esse é um exemplo de funil de vendas bastante simples, mas ajuda a entender os seus principais benefícios.

- **Evidencia a eficiência comercial:** ao identificar a sua taxa de conversão de uma etapa do funil para a outra, é possível acompanhar sua evolução e definir novas ações para aumento de *performance*. Nesse exemplo, sua conversão de propostas em vendas era de 33%. Vamos supor que seu objetivo fosse aumentar sua eficiência nessa etapa e, assim, desenvolveu um novo modelo de proposta, muito mais didática e vendedora. Além dessa nova proposta comercial, também tomou a decisão de não enviar mais as propostas por *e-mail* e, sempre que possível, passou a apresentá-las pessoalmente, ou pelo menos através de videochamada. Com essa nova ferramenta e nova ação comercial, você conseguiu mensurar que a sua taxa de conversão agora não era mais de 33%, mas sim de 50%. Ou seja, você percebeu que a cada duas propostas, passou a fechar em média um novo negócio. Essas métricas são apenas exemplos, pois irão variar de um caso para o outro, é apenas para demonstrar como medir a eficiência comercial de uma etapa do processo de vendas isoladamente.

- **Aumenta a previsibilidade de vendas:** quem não gostaria de saber quantos clientes novos terá no próximo mês? Essa é uma das grandes perguntas em uma área comercial.

Ao conhecer as suas taxas de conversão será possível melhorar a sua previsão de vendas. O australiano Allan Pease[1] é um grande entusiasta da lei das médias aplicadas em vendas. Segundo o autor, se você fizer a mesma coisa da mesma maneira e sob as mesmas circunstâncias inúmeras vezes, essa ação produzirá um conjunto de resultados que permanecerão sempre constantes.

Utilizando o exemplo anterior, se você já sabe que a cada dez visitas irá conseguir realizar uma nova venda, para conseguir realizar duas novas vendas serão necessários realizar 20 visitas.

---

1. http://www.esextante.com.br/livros/como-se-tornar-um-campeao-de-vendas/

Venda Recorrente

Em 2016, foi lançado o livro *Receita previsível*, por Aaron Ross e Marylou Tyler, que tornou ainda mais popular esse conceito. Embora o conceito de previsibilidade em vendas já fosse discutido há muito tempo, os autores trouxeram uma nova abordagem para as etapas iniciais do processo de vendas, a qual chamam de *Cold Calling* 2.0. Essa abordagem traz conceitos muito interessantes, principalmente para a venda de SaaS[2].

No apêndice deste livro trago um artigo que escrevi com o título *Cinco regras de ouro para um bom forecast de vendas*, que também aborda aspectos importantes para melhorar a previsibilidade em vendas.

Lembre-se de que nesse momento, na Gestão do Território, nosso principal objetivo é conquistar uma primeira venda no cliente-alvo.

É evidente que a partir dessa primeira venda deveremos cuidar desse cliente, para que ele permaneça comprando recorrentemente — mas isso é um assunto que abordaremos nas próximas etapas do método: Gestão da Carteira, Gestão do Relacionamento e Gestão do *Mix*.

Para definir a quantidade de etapas do seu funil de vendas, considere o tempo e a complexidade que envolvem a conquista de um novo cliente.

Em processos mais complexos, de venda de soluções, é comum participarem até cinco diferentes áreas, além da área de vendas, durante o processo de conquista de um novo cliente. Veja o exemplo a seguir.

---

2. *Software* como Serviço, do inglês *Software as a Service*, é uma forma de distribuição e comercialização de software, por assinatura.

G1 - Gestão do Território

OBJETIVO DA ETAPA	ÁREAS DE APOIO AO PROCESSO DE VENDAS
GERAÇÃO DE LEAD	*Lead generation* (*marketing*) ou área de crédito
CONSTRUÇÃO DA PRÓPRIA TÉCNICA	Pré-vendas
PRECIFICAÇÃO DA PROPOSTA TÉCNICA	P&L
FORMULAÇÃO/ APROVAÇÃO DO CONTRATO DE PRESTAÇÃO DE SERVIÇO	Jurídico
IMPLEMENTAÇÃO DA SOLUÇÃO	Pós-vendas

Nessa primeira etapa "Geração de *lead*", o processo pode ser diferente, a depender do mercado de atuação da empresa. Em venda de serviços ou tecnologia, o mais frequente é que a área de *marketing* dê o apoio para fazer que empresas-alvo conheçam a sua empresa, facilitando assim um primeiro contato. É aqui que entra a metodologia Cold Calling 2.0, que mencionei anteriormente. Em vendas de manufatura, o mais comum é que essa primeira etapa tenha a participação de uma área de crédito e cadastro de novos clientes no sistema. Nesse mercado, como a demanda já é existente, geralmente os possíveis clientes são conhecidos e o produto tende a ser visto como um *commmodity*, por isso essa abordagem faz mais sentido.

Venda Recorrente

Certa vez, percebi um clima muito tenso entre o gestor da equipe de vendas e o gestor de pré-vendas de um cliente. Conhecendo um pouco mais da situação, entendi que aquele clima tenso estava presente em todos os membros das respectivas equipes. De um lado, o gestor da equipe de vendas reclamava de "corpo mole" e falta de comprometimento do time de pré-vendas. Do outro, o gestor do time de pré-vendas acusava a equipe comercial de ser desorganizada e não conseguir definir corretamente as empresas que deveriam ter propostas técnicas desenvolvidas. Também reclamavam da falta de informações, ou informações desestruturadas, o que dificultava muito a concepção de propostas técnicas.

Essa história é muito comum e se repete em diversas empresas. Não apenas entre área de vendas e pré-vendas, mas entre todas as outras áreas que interagem com o time comercial: pós-vendas, crédito, financeiro, *marketing*, jurídico, etc.

Em casos em que outras áreas, além da equipe comercial, são necessárias no processo da venda, uma gestão de funil de vendas torna-se ainda mais indispensável. Com essa abordagem, será possível detalhar as atribuições de cada área e, principalmente, a relação entre elas. Por exemplo, fica definido no processo que a equipe de vendas precisa passar um formulário devidamente preenchido para a equipe de pré-vendas iniciar o desenvolvimento da proposta técnica. Após receber o formulário devidamente preenchido, a equipe de pré-vendas terá um prazo máximo de X dias para entregar a proposta técnica. Pronto. Acabaram, ou pelo menos reduziram drasticamente, os motivos para o conflito entre as áreas. O combinado não sai caro.

O objetivo dessa metodologia não é se aprofundar em vendas complexas, como mencionei na Parte I deste livro chamando de Venda de Solução. Apresentei esse exemplo para demonstrar como um processo de vendas para novos clientes pode ser complexo. Nesses casos, o funil de vendas tem normalmente entre seis e sete etapas, contemplando ainda aquelas que são de responsabilidade exclusiva da equipe de vendas.

Quanto mais etapas existirem em seu funil de vendas, mais controle você terá sobre o progresso na conquista de novos clientes, o que é muito útil para processos longos e complexos, ou envolvendo equipes muito grandes.

Porém, é preciso cuidar para não pecar por exagero. Um ótimo referencial para saber se você tem etapas demais é pensar se todas elas possuem métricas objetivas de controle. Ou, como chamo, "evidências". O funil de vendas só faz sentido quando entendido como indicadores de meio até a conquista de um novo cliente. E, para serem considerados indicadores de meio, estes precisam ser mensuráveis.

Em certa empresa, após mapear todos os clientes com PCA do território, percebi que apenas 30% já eram atendidos e que a quantidade de clientes a serem conquistados com uma primeira venda era muito grande. Nesse caso, foram definidas apenas três etapas de controle:

- Clientes cadastrados com crédito aprovado.
- Clientes com orçamentos realizados nos últimos seis meses.
- Clientes visitados nos últimos 30 dias.

Já em outro caso, por atuar em um mercado muito específico e de poucos clientes-alvo, onde a primeira venda assemelha-se a uma Venda de Solução, por ser longa e complexa, definimos mais etapas para o controle da prospecção.

Venda Recorrente

Para essa empresa, por ter uma quantidade pequena de clientes a serem prospectados, além do tempo de relacionamento necessário para conquistar uma primeira venda ser alto, em torno de seis meses, definimos um funil de vendas mais robusto, com mais etapas.

Nesse caso, a primeira venda é considerada uma Venda de Solução, gerida por meio de um amplo funil de vendas e, a partir desse momento, o cliente passa a ser gerido por meio das Gestões de Carteira, Relacionamento e *Mix*, normalmente por outro profissional.

As etapas ficaram assim:

	Clientes cadastrados	Acesso ao decisor do cliente	Propostas apresentadas	Contratos assinados
Áreas de apoio	Crédito	-	Pré-venda	Jurídico
Objetivo	Considera-se concluída essa etapa quando o cliente está cadastrado em seu sistema e com uma classificação de crédito (podendo ser "sem crédito" para a realização apenas de vendas à vista).	Considera-se concluída essa etapa quando o comercial estiver em contato direto com o decisor do cliente (para apenas após conseguir essa abertura, investir no desenvolvimento de uma proposta).	Considera-se concluída essa etapa quando o cliente recebeu uma proposta com escopo e valor de investimento.	Considera-se concluída essa etapa apenas quando houver recebimento do contrato com a assinatura do cliente.

Veja que nesses exemplos apenas clientes que têm o PCA - Perfil de Cliente-Alvo são alvos de prospecção e, assim, passam pelas etapas do funil de vendas.

G1 - Gestão do Território

Pare agora por um momento e preencha o quadro a seguir, para tornar mais claro quais etapas devem ser controladas em seu funil de vendas, fazendo dessa maneira sua gestão do território mais completa e eficaz:

Liste a seguir as etapas que devem ser controladas em seu funil de vendas, para uma gestão do território eficaz. Lembre-se de pensar nas outras áreas que participam desse processo e nas responsabilidades de cada uma delas. Lembre-se também das evidências para mudança de uma fase a outra.

DEFINA PRIORIDADES E PLANEJE A ABORDAGEM

Nessa etapa, você já tem suas etapas do funil de vendas bem definidas e já começou o mapeamento das empresas que se enquadram ao seu PCA – Perfil de Cliente-Alvo.

Caso você ainda tenha muitos clientes a conquistar em seu território, será necessário criar uma priorização, de acordo com critérios que façam mais sentido para você.

Um dos critérios geralmente utilizados para priorização é a localização da empresa-alvo.

A representatividade do valor do frete frente ao valor do produto pode variar muito de uma empresa para outra. O frete médio pode representar menos de 1% até mais de 7% com relação ao preço de venda do produto. Em casos em que o custo do frete é muito representativo, frente ao valor do produto, seus objetivos podem ser:

a) **Otimizar a rota de entregas -** você mapeou que existem algumas rotas de entrega com caminhões ociosos, o que aumenta ainda mais o valor de frete para aqueles clientes. Nesse caso, encontrar outros clientes que estejam próximos a essa rota de entrega facilitará a sua conquista, pois poderá iniciar o atendimento com pedidos menores, além de rentabilizar os clientes que você já vem atendendo dentro dessa mesma rota, pois seu custo de frete será rateado por mais empresas.

b) **Abrir uma nova rota -** uma estratégia também pode ser iniciar um atendimento em uma região em que você ainda não tenha entrega. Nesse caso, é preciso saber, junto à sua equipe de logística, qual o volume mínimo viável para abrir uma nova rota. Em alguns casos, será possível abrir uma nova rota com um cliente que inicialmente ocupe perto de 50 ou 60% de um caminhão de entrega.

Outros motivos de priorização ainda podem estar associados a fatores de mercado, como:

- **Fragilidade de algum concorrente -** dentre a sua lista de alvos, você percebeu que existem alguns possíveis clientes que são atendidos por uma empresa que está com problemas de atendimento, gerando insatisfação em seus clientes. Nesse caso, deve ser aproveitado o momento em que esse possível cliente estará mais inclinado a reavaliar um novo fornecedor.

- **Cliente de referência -** caso você tenha um case estruturado de redução de custos ou aumento de receita em clientes que tenham alguma relação com seus clientes-alvo, este poderá também ser um grande motivo para a priorização daquelas empresas que você irá abordar inicialmente. Assim, o seu discurso de vendas terá muito mais chance de impactar essas empresas.

Venda Recorrente

ABORDE O CLIENTE COM TÉCNICAS DE VENDAS E ATITUDE

Essa é a hora do *"show"*, hora de encantar o cliente, o grande momento para fazer uma abordagem cativante e estabelecer uma ótima primeira impressão!

Não está tão animado assim? Vamos lá, todo planejamento anterior só faz sentido se neste momento você estiver seguro e muito motivado para abordar o cliente-alvo.

Na Parte I deste livro apresentei alguns talentos necessários para o profissional que atua com vendas recorrentes. Nesse momento, frente a frente com o seu cliente, é a hora em que alguns talentos serão exigidos, e os principais são: relacionamento, persuasão e negociação.

Pode ser que você tenha alguns deles naturalmente, e outros precise se concentrar um pouco mais para conseguir aplicar. A seguir, você encontrará algumas dicas muito práticas e alguns exemplos para ajudá-lo a entender como esses talentos irão contribuir para que você venda mais.

Esses talentos e essas dicas serão necessários não apenas na gestão do território, mas em todas as outras gestões, quando houver uma interação entre você e o seu cliente.

RELACIONAMENTO

> *Este é um talento que pode ter vários outros envolvidos, como empatia, carisma e comunicação. Ser uma companhia agradável e sensível aos interesses e às preocupações da outra pessoa ajudará você a ser visto como um aliado. Assim, será mais simples conseguir realizar uma primeira venda para um novo cliente ou aumentar gradativamente as quantidades e o mix vendido.*

Na prática:

- **Não estacione em vaga de cliente** - essa dica é básica, mas vou mencioná-la. Se você realmente se preocupa com o seu cliente e consegue colocar-se no lugar dele, deve saber que em geral as vagas de clientes são disputadas nos estacionamentos. Algumas vezes, consumidores deixam de parar na empresa que você está visitando por não encontrar lugar para estacionar.

- **Chame seu cliente pelo nome** - o próprio nome é o som mais agradável que uma pessoa pode ouvir. Chamar o cliente pelo nome irá demonstrar que você está atento ao ser humano que está ali, e não apenas interessado em tirar um pedido.

- **Dê atenção e trate todas as pessoas de forma igual na empresa cliente** - se você for simpático apenas com as pessoas que têm a decisão de compra, estará demonstrando que você apenas está interessado em resolver o seu problema. Agora, se você tratar todos igualmente bem irá demonstrar que está feliz em estar ali.

- **Ouça com atenção** - talvez uma das coisas mais difíceis para quem trabalha com vendas. Muitas vezes, a ansiedade para falar sobre o seu produto acaba por atrapalhar a construção de um relacionamento melhor com seu cliente. Ouvir com atenção significa demonstrar que se importa. Para demonstrar que está prestando atenção em seu cliente, o contato visual e as paráfrases podem ajudar:

    "João, pelo que entendi a sua preocupação com o próximo mês são os feriados?"

> *"Claudia, quer dizer que o seu principal cliente é este que compra por meio do crediário?"*
>
> *"Lucas, eu não sabia que a sua empresa já está no mercado há tanto tempo."*

- **Utilize o gatilho da reciprocidade** - sempre que você faz um favor e não demonstra interesse em receber algo em troca, é normal que a outra pessoa fique com o sentimento de estar lhe devendo alguma coisa. Quando você ajuda o seu cliente a resolver um problema de outra área de sua empresa, por exemplo, como financeiro ou logística, essa atitude irá fortalecer o seu relacionamento.

- **Seja cauteloso ao recomendar algo novo ao seu cliente** - uma venda B2B requer mais atenção e cuidados do que uma venda para pessoa física. Um vendedor do varejo pode afirmar em um primeiro contato com o seu cliente que um sapato ficará lindo em seus pés, e isso soará muito bem. Ao contrário, um vendedor B2B que aborda o seu *prospect* garantindo que lhe trará muito lucro, sem ao menos fazer uma qualificação e identificar suas características específicas, irá transmitir a mensagem de que é imprudente, não merece confiança, ou está mais interessado em fazer sua própria venda do que construir um relacionamento ganha-ganha.

> *"Jonas, nossos produtos giram muito bem em outras lojas de material de construção semelhantes à sua, que também atuam com os públicos A e B. Podemos fazer uma experiência com um pedido inicial pequeno, para*

o senhor sentir com os seus clientes o que eles acham. Dependendo da recepção dos seus clientes, poderemos fazer novos pedidos."

- **Mantenha uma rotina de contatos e seja facilmente encontrado por seu cliente** - em um primeiro contato com o seu cliente, todas essas dicas anteriores o ajudarão a transmitir a mensagem de que você valoriza um bom relacionamento. Porém, após uma primeira venda e durante todo o tempo em que você atender esse cliente, de nada adiantará as dicas anteriores se você deixá-lo sem respostas, não tiver uma rotina de atendimento ou então não responder às ligações, aos *e-mails* ou às mensagens dele com agilidade. Por isso, no decorrer deste livro, abordaremos esse assunto com bastante profundidade nas Gestões de Carteira, Relacionamento e *Mix*.

PERSUASÃO

Esse talento está associado à facilidade como você encontra motivos para convencer outra pessoa. Por exemplo, se a sua empresa colocou um novo produto no mix de produto, um vendedor persuasivo irá encontrar motivos para apresentá-lo com entusiasmo para seus clientes com muito mais facilidade do que um vendedor que não tem esse talento. Costumo dizer que vendedores persuasivos são como uma esponja, que estão a todo momento atentos e absorvendo motivos para persuadir. Se você é do tipo que observa mais os pontos positivos do que os negativos de seus produtos, certamente encontrará mais facilidade para atingir os seus resultados, principalmente para abrir novos clientes e vender novos produtos.

Na prática:

- **Personalize o benefício para cada cliente** - manter o mesmo discurso de vendas para todos os clientes não o ajudará a fechar muitas vendas. Vendas é um processo mental, e apenas os profissionais que estão atentos a seus clientes conseguem ser persuasivos.

Duas esferas devem ser observadas: a primeira é a racional e está relacionada ao segmento e à empresa de seu cliente. Por exemplo, como funciona a linha de produção de seu cliente, qual é o perfil de seu cliente-alvo, quais são os maiores desafios enfrentados pela empresa dele nos últimos três meses, qual a sua projeção de crescimento para este ano, quais são os seus principais concorrentes e qual é o diferencial de seu cliente, etc.

A segunda, tão ou mais importante, é um pouco mais subjetiva, pois se refere ao sentimento das pessoas que estão participando do processo de compra de seu cliente. Entender quais são as motivações, os interesses, as expectativas e os medos de cada influenciador é fundamental para conseguir envolver o seu cliente em seu discurso de vendas. Mesmo que você não tenha esse talento e não consiga fazer espontaneamente, você pode, racionalmente, se preparar para isso. Uma dica: começar a pensar, em cada interação com um cliente, sobre o que ele deve estar pensando. "Quais são as suas preocupações neste momento?".

> *"Paulo, como o senhor mencionou que a sua principal preocupação é com relação à entrega deste produto, o senhor pode ficar tranquilo. Nossa empresa trabalha com entrega própria e por isso conseguimos prestar um serviço mais*

confiável para nossos clientes. Somos conhecidos no mercado pela alta confiabilidade da nossa logística."

"Senhora Ana, para sua empresa que preza muito pelo desenvolvimento de produtos inovadores, esse nosso produto X é ideal, pois trabalha com uma tecnologia exclusiva e patenteada. Assim, certamente o seu processo produtivo também contará com uma solução inovadora."

- **Anote tudo** - para ser persuasivo você precisará relacionar a sua oferta com os pontos valorizados e já verbalizados pelo seu cliente. Nesse sentido, confiar apenas na memória é a forma mais fácil de perder oportunidades de vendas. Campeões de vendas têm o hábito de anotar suas observações, tanto sobre o que ouvem ou observam em seus clientes quanto informações sobre a sua própria empresa ou seus produtos. Assim, possuem um repertório amplo e eficaz de argumentos convincentes.

- **Utilize histórias de referência** - se há algo que chama a atenção de qualquer pessoa é uma história bem contata. Uma história de referência bem estruturada deve responder a três pontos: problema, solução e resultado. Para que o seu *prospect* tenha interesse em ouvir a sua história, o primeiro ponto é que ele se identifique com o primeiro dos tópicos: problema. Sendo assim, uma situação muito frequente é você começar a contar uma história e, quando o cliente não se identifica e por isso não demostra interesse, você deve partir para outro exemplo, em vez de ficar insistindo na mesma história. Por isso, ter um amplo repertório de histórias de referência é fundamental para conseguir ter sucesso em sua gestão de território.

- **PROBLEMA** - um consumidor final pode comprar por impulso, desejo, ou qualquer outro critério emocional, mas não é o que geralmente acontece com as empresas. No B2B, para que uma empresa ou solução desperte o interesse de um comprador é necessário que resolva algum problema, o que também é frequentemente chamado em vendas como "a dor" da empresa que está sendo prospectada. Afinal, por que o comprador irá arriscar trocar o seu fornecedor atual por sua empresa ou pelo menos inserir algum de seus produtos em seu portfólio? Sendo um especialista, é normal que você enxergue oportunidades de fazer uma empresa lucrar mais utilizando os seus produtos, mas o desafio é fazer os compradores enxergarem essas mesmas oportunidades que você identificou.

"Alexandre, atendo alguns clientes do segmento de hotelaria em minha carteira e observei que, para a maioria deles, a gestão do estoque é um desafio considerável. A demanda por produtos de limpeza é muito alta, e nem sempre há espaço suficiente para manter um estoque mínimo de segurança. Você diria que hoje a gestão de estoque é um desafio para sua empresa? Como seus fornecedores atuais lidam com essa questão?"

Se o cliente não admite que esse é um problema em sua empresa, recomece com uma abordagem referente à outra possível dor. Se o cliente admitir que esse ponto que você levantou lhe causa dor de cabeça, conte a ele uma situação real.

"Alexandre, em um hotel que começamos a atender há oito meses, o comprador falou que era normal ficarem sem produtos de limpeza na lavanderia, pois o fornecedor fazia no máximo duas entregas por mês. Ele contou que geralmente ficavam com quartos desocupados, por falta de roupa de cama limpa, o que gerava um grande problema."

- **SOLUÇÃO -** uma vez que o cliente admitiu que algo pode ser melhorado em sua operação, é provável que ele tenha se interessado pela história que você começou a contar. Nesse exemplo, o vendedor poderia ter contado o diferencial de sua empresa (que tem entregas semanais) sem antes envolver o cliente com uma história, mas certamente seria muito menos eficaz. Ele deu importância àquilo que gostaria de contar, e o efeito sem dúvida foi muito maior.

"Alexandre, quando falei para esse comprador que atuamos com entregas semanais em sua região, ele a princípio até desconfiou um pouco. Hoje já faz oito meses que estamos atendendo a empresa e a nossa relação está excelente, pois, além das entregas semanais ainda conseguimos atendê-lo com um mix maior, facilitando assim o seu processo de compra, por não ter que gerenciar vários fornecedores."

- **RESULTADO -** por mais que o cliente tenha gostado da sua história, nem sempre ela será suficiente para fazê-lo arriscar a mudança de fornecedor. Nesse caso, algo que irá potencializar muito o argumento é mencionar resultados, pois assim "a dor do cliente" ganhará ainda mais importância, quando mensurada em valor financeiro.

"Segundo o que me disse o comprador daquele hotel que estamos atendendo, por trabalharem com estoque menor, terem menos problemas por falta de produtos e também com as negociações especiais que conseguimos para compra do mix completo, a empresa dele está economizando em média 7% com a compra de materiais de limpeza.

Dica: nenhuma empresa será melhor do que os seus concorrentes em todas as áreas. Algumas são melhores em logística, outras, em *marketing*, preço, qualidade do produto, crédito, etc. Se por acaso uma empresa for melhor em todos esses pontos, ela não precisará de vendedores. Simples assim.

Para os casos normais, em que uma empresa se diferencia mais em alguns pontos e menos em outros, a missão do vendedor é possibilitar que esses pontos em que a sua empresa se diferencia sejam muito mais valorizados pelos seus clientes do que aqueles pontos em que ela não vai tão bem.

NEGOCIAÇÃO

Profissionais com esse talento entendem que é possível negociar sem prejudicar o relacionamento. Têm resiliência e imparcialidade, entendendo

> o papel de negociador exercido por seu cliente. Conseguem enxergar um ambiente de negociação com otimismo e motivação para buscar o melhor acordo. Dependendo da complexidade da negociação, esta só será eficaz se for acompanhada de outros talentos do profissional, como pensamento estratégico e capacidade de planejamento.

Na prática:

- **Aprenda a lidar com objeções -** as objeções são absolutamente normais em um processo de vendas, ainda mais quando pensamos na venda B2B. Pode ser porque o comprador ainda tenha alguma dúvida, o que pode sinalizar uma falha em sua apresentação de benefícios, ou então porque ele apenas está exercendo o seu papel de negociador. É um papel absolutamente normal de um comprador testar o vendedor o máximo que puder, fazendo propostas baixas e até mesmo depreciando o seu produto em alguns casos — embora essa não seja uma prática muito saudável, é bastante frequente. O maior erro que um vendedor pode cometer é partir para a argumentação assim que ouve uma objeção. Por mais que ele já tenha na ponta da língua os argumentos para neutralizá-la, se o fizer dessa forma não será ouvido pela outra pessoa. Por isso, o primeiro ponto que você deve entender é como neutralizar uma objeção, assim que ouvir essa negativa, seguindo três passos.

A) Mantenha a calma e a empatia - o primeiro passo diante de uma objeção é demonstrar, sinceramente, que você entende que o cliente tenha aquela preocupação, dúvida ou objeção. Se você demonstrar nervosismo ou confrontar a ideia do cliente, ele não irá prestar atenção em seus argumentos.

Se você fizer perguntas sem antes demonstrar empatia, provavelmente seu cliente será rude nas respostas, ou pelo menos não falará toda a verdade.

Evite demonstrar que você quer fazer o cliente mudar de ideia. Em vez disso, demonstre que você quer entender melhor o ponto de vista dele.

Cuidado para não concordar com a objeção do cliente! Demonstrar empatia não quer dizer que você concorde com ele.

"Compreendo que o preço é um fator importante para sua decisão..."

"Entendo que hoje você já está sendo bem atendido..."

B) Faça perguntas abertas - as perguntas farão o cliente detalhar mais suas dúvidas, preocupações ou objeções, e você ganhará informações e tempo para poder argumentar de forma mais eficaz.

Você terá a certeza de que o cliente o "está ouvindo", pois ele precisará pensar para responder as suas perguntas.

"Por que você acha nosso produto caro?"

"Comparado com qual outro fornecedor o nosso produto está caro?"

"Em quais condições comerciais você compra com esse preço? (prazo de pagamento, pedido mínimo, entrega, etc)."

C) Argumente com foco nos benefícios verbalizados pelo cliente - procure usar as mesmas palavras usadas por seu cliente, demonstrando que você ouviu e de fato se interessou por seu ponto de vista.

Utilize o argumento que responde à objeção do cliente.

Exemplo: se o cliente colocar objeção de preço, procure neutralizá-la, primeiro mostrando em valor monetário as possibilidades de ganho com os seus produtos.

"Como o senhor mesmo falou, existem alguns clientes que estão mais preocupados com a qualidade do produto. Ter pelo menos um pouco dos produtos da (nome da sua empresa) é uma excelente opção para atender esses clientes mais exigentes. E até mesmo trazer mais desses clientes que não focam apenas em preço para comprar em sua loja."

Observe que se o posicionamento da sua empresa não for marca e sim o preço, você pode usar exatamente a mesma lógica para argumentar sobre a inserção dos seus produtos.

- **Saiba explorar a zona de acordo** - observe o exemplo a seguir: o vendedor começou pedindo dez, mas estaria disposto a vender até no mínimo por seis. Do outro lado, o comprador começou a negociar falando que pagaria no máximo quatro, quando na verdade estava disposto a pagar até no máximo oito. Nesse exemplo existe uma zona de acordo entre seis e oito, ou seja, é muito provável que o negócio seja concluído. Porém, se o vendedor irá vender por seis, sete ou oito, irá depender da sua habilidade de negociação.

Em uma negociação existe algo chamado de "lance inicial". Ou seja, significa que geralmente um vendedor começará pedindo pelo seu produto mais do que o valor que de fato ele está disposto a vender e que o comprador irá dizer, em um lance inicial, que está disposto a pagar menos do que de fato ele está disposto a pagar. Em alguns mercados, é normal a atuação com margens de negociação muito grandes, o que exigirá, tanto do vendedor quanto do comprador, maior esforço para encontrar o valor mais justo para a realização do negócio. O primeiro passo para uma negociação de sucesso é o planejamento. Você deve sair da sua empresa já sabendo exatamente qual será o seu lance inicial e quais as concessões que estará disposto a fazer. Sendo assim, quando estiver em frente ao cliente, você pode explorar com calma todos os aspectos da negociação. Veja algumas dicas:

> **Não se ofenda com a proposta inicial de seu cliente -** se ele ofereceu um lance inicial muito baixo, é provável que ele goste dessa dinâmica da negociação. Não há motivo nenhum para você ficar preocupado ou irritado com o seu cliente. Saiba que faz parte do jogo e faça sondagem para identificar se existe e qual é a zona de acordo.
>
> *"Poxa, esse valor eu não consigo fazer. Está muito abaixo do valor de tabela e não posso nem mencionar uma proposta dessas na minha empresa"* **(reforce um pouco mais os benefícios valorizados pelo seu cliente).**

Se ele apenas estiver negociando, é normal que suba um pouco a sua oferta. Nesse caso, continue explorando a zona de acordo.

"Claudio, ainda está longe do que eu posso fazer. Você sabe, o meu maior interesse é vender, mas nesta condição realmente eu não tenho como fechar com você" **(reforce mais um pouco os diferenciais da sua proposta).**

Essa situação pode se repetir inúmeras vezes, dependendo da margem que exista no preço do seu produto ou serviço.

Quando você já tiver encontrado a zona de acordo, mas ainda assim estiver em busca do melhor fechamento, a técnica de dividir a diferença entre as duas propostas pode ser uma boa alternativa.

"Claudio, para não ficar ruim para você e nem para mim, vamos dividir essa diferença. Vamos fechar no meio do caminho."

ACOMPANHAMENTO

> *Também podemos chamar de Gestão do Processo. É um talento muito importante para modelos de vendas em que o cliente não toma a decisão no momento que o vendedor faz a oferta. Por exemplo, se você for muito persuasivo, conseguirá despertar o interesse do cliente pelo produto, mas se não tiver o talento do acompanhamento sempre estará iniciando novas oportunidades de vendas e concluindo poucas daquelas que não forem fechadas no momento. Em processos de vendas complexas, esse talento é ainda mais importante. Quanto menos processos e ferramentas ofertados pela empresa, maior é a necessidade desse talento pela equipe de vendas.*

Na prática:

- **Registre todas as oportunidades de vendas** - confiar apenas na memória é a forma mais fácil de perder dinheiro. Utilizando a ferramenta Ficha de Combate, em um processo descrito nas Gestões da Carteira, Relacionamento e *Mix*, vou dar muitas orientações para que você mapeie e explore todas as oportunidades de vendas para seus clientes.

RESUMINDO A GESTÃO DO TERRITÓRIO
Objetivo: obter o potencial do território de atuação, mapeando e conquistando com uma primeira venda novos clientes-alvo.
Exemplos de atividades-chave: • Definir o PCA — Perfil de Cliente-Alvo; • Mapear o potencial do seu território; • Criar as métricas do seu funil de vendas; • Definir prioridades e planejar a abordagem; • Abordar o cliente com técnicas de vendas e atitude.
Exemplos de indicadores de meio: • Cadastros de novos clientes; • Orçamentos/propostas apresentadas (em valor e quantidade); • Clientes com primeira compra realizada.

↻ G2 - GESTÃO DA CARTEIRA

Até o ano de 2002, o Campeonato Brasileiro de Futebol era disputado por um sistema de turno classificatório. Na prática, acontecia o seguinte: por mais irregular que um time fosse durante a primeira fase, se conseguisse ficar entre os 16 primeiros, conseguiria passar para as oitavas de final, onde teria a chance de desclassificar os primeiros colocados e seguir para as quartas, semifinais, final e com chances de ser campeão. A partir de 2003, as regras da competição mudaram, ficando estabelecido um modelo por pontos corridos. Nesse sistema, o que vale é a regularidade que o time apresenta durante toda a competição. Se o time perde uma simples partida no começo do campeonato, esses três pontos que deixou de conquistar com a vitória provavelmente irão afetá-lo até a última rodada da competição[3].

O mesmo acontece hoje com as vendas recorrentes. Em um passado próximo, as empresas não se preocupavam muito com a regularidade dos resultados, contanto que o faturamento total fosse atingido. Hoje, porém, as empresas com processos comerciais mais maduros já dão mais importância para como esse resultado é construído. Se você tem uma carteira com 50 clientes, não adiantará concentrar um volume altíssimo de vendas em alguns deles, e nos demais nem ao menos tirar qualquer pedido.

Para gerir a regularidade das suas vendas, será necessário utilizar os conceitos do PCA e clientes prioritários, apresentados na Gestão do Território.

Vamos analisar um exemplo, para tornar essa análise mais clara. Suponha que você mapeou que em seu território existam 150 clientes prioritários e que venda, em média, para 120 deles por mês. Isso

---

3. Fonte: https://pt.wikipedia.org/wiki/competições_mistas.

não quer dizer necessariamente que você atenda 80% de seus clientes-alvo e tenha uma ótima positivação. Existem outros fatores que precisam ser levados em consideração. Para aferir a sua eficácia, analise seus resultados a partir de duas formas diferentes:

a) Positivação total

A positivação total é a mais simples e comum de ser encontrada nas empresas. Corresponde apenas a dividir a quantidade de clientes positivados pela quantidade total de clientes em carteira. Nesse caso, ficando 80%.

b) Positivação prioritária

Essa análise é mais profunda e eficaz. Vamos supor que desses 120 clientes que compraram 60 estão entre os seus clientes prioritários e os outros 60 sejam clientes esporádicos. Nesse caso, você precisaria rever as suas estratégias, pois está positivando apenas 40% dos clientes que mapeou como prioritários. Mais importante ainda: a metade da sua positivação mensal vem de clientes esporádicos. Ter grande parte das vendas vindas de clientes esporádicos não é saudável, pois torna-se mais difícil fazer um *forecast* (previsão de vendas) com precisão.

O QUE FAZER DEPOIS DA PRIMEIRA VENDA?

Pronto, você já conquistou uma primeira venda para seu cliente-alvo. Após todo planejamento e esforço, finalmente saiu o primeiro pedido. E agora? Será mesmo que a parte mais difícil e importante já foi feita?

Ao longo de tantos anos de experiência, fazendo rotas com muitos campeões de venda, aprendi que para considerar realmente uma empresa como cliente é preciso fazer no mínimo três vendas consecutivas.

A primeira compra do cliente pode ter acontecido por um exímio trabalho de persuasão de sua parte, ou por uma grande necessidade do cliente. Agora, para continuar comprando com você, esse cliente terá que perceber basicamente duas coisas:

a) Que terá o lucro esperado com os seus produtos;
b) Que terá uma boa experiência de compra, negociando com você.

E, é claro, para garantir a ele essas duas coisas, o seu acompanhamento será fundamental.

Você vai perceber no decorrer deste livro que esta etapa, Gestão da Carteira, influencia e é influenciada pelas próximas etapas, ou seja, pelas Gestões do Relacionamento e do *Mix*. A Gestão da Carteira aparece primeiro por dois principais motivos:

1) CRONOLOGIA

Se você pensar em como geralmente acontece toda a história com um cliente, chegará mais ou menos no seguinte:

Venda Recorrente

- Primeiro, você conquista um alvo com uma primeira venda e, a partir daí, ele passa a fazer parte da sua carteira;

- Você então faz visitas regulares e se mostra disponível para ele. Acompanha com atenção as primeiras entregas e assegura que ele não tenha nenhum problema com a experiência de compra;

- Com a evolução do relacionamento e com o maior conhecimento sobre a empresa do cliente, você começa a fazer sugestões e agir consultivamente, possibilitando que o produto gire mais rápido no cliente;

- O cliente, percebendo que você está realmente preocupado em fazê-lo ganhar dinheiro com seus produtos, e não apenas em bater as suas metas ao empurrar-lhe produtos "goela a baixo", começa a ficar mais receptivo até mesmo para executar ações mais efetivas para vender os seus produtos;

- A partir daí, vocês podem planejar fazer um tabloide em conjunto, um evento de treinamento com os seus vendedores, uma ilha ou ponto de gôndola, dentre muitas outras coisas;

- Com a intensificação do relacionamento e o aumento da sua proximidade, o cliente terá mais confiança em você e irá querer tê-lo cada vez mais como parceiro. Nesse momento, é normal que você ganhe acesso ao "cofre" do cliente — cofre é linguagem figurada usada para definir o estoque do cliente. Esse é um passo importante, porque para o cliente o estoque é tratado mesmo como um "cofre", que é confiado apenas para poucas pessoas.

Ao ter acesso ao estoque do cliente, você passará a entender o giro que ele faz dos seus produtos e também dos produtos dos seus concorrentes. Esse conhecimento irá auxiliar muito em novas ações de promoção de seu produto, principalmente quando "a luz amarela acender" e você perceber que algum produto seu não está com o desempenho esperado.

Além de detectar as ameaças, como no caso dos produtos que você vendeu e estão com baixo giro, no estoque do cliente, irá perceber também muitas oportunidades. Assim, com conhecimento sobre o que, quanto e como o cliente compra produtos com seus concorrentes, e também com o relacionamento e a confiança que já estabeleceu, você finalmente conseguirá inserir novos produtos do seu *mix*.

Perceba que, nesse breve roteiro que analisamos, o relacionamento é iniciado com uma primeira venda, mas é apenas com muita gestão do cliente e ações consultivas que você ganhará as oportunidades de ampliação de seu *mix* de produtos.

2) PRIORIDADE

Salvo algumas exceções em segmentos ou casos específicos, a frequência e a sequência de contato, juntamente com um intenso acompanhamento da positivação com base na metodologia RFV, que irei apresentar no próximo capítulo, estão entre os maiores fatores de sucesso em vendas recorrentes.

Se você precisar comprometer o atendimento de algum cliente da carteira para dedicar tempo à gestão de relacionamento com outros clientes, alguma coisa está errada.

A gestão de carteira é feita com foco no PCA — Perfil de Cliente-Alvo. Assim, se você já atribuiu que o cliente é alvo, e mesmo assim não consegue dar um atendimento "básico" respeitando a frequência e sequência de contatos definidas, precisa repensar sua carteira de clientes. Você está com excesso de clientes e desperdiçando vendas potenciais.

Venda Recorrente

Nesse caso, vale lembrar do que nos ensina o brilhante escritor estadunidense Stephen Covey, em sua obra de maior sucesso, Os 7 hábitos das pessoas altamente eficazes. O quarto dos sete hábitos diz respeito a ter uma mentalidade ganha-ganha. Quer dizer que, para ter um sucesso consistente e a longo prazo, você precisa pensar mais no ganho mútuo do que no seu ganho individual. Significa que mais vale sinalizar as lideranças da sua empresa que você não consegue dar um atendimento de qualidade para toda sua carteira de clientes, do que manter os clientes com um atendimento superficial, apenas para compor algumas vendas das suas metas.

Pode ser que realmente suas lideranças optem em não atribuir mais pessoas para ajudar com o seu atendimento, mas pelo menos estarão todos cientes das oportunidades de atendimento que existem e não estão sendo aproveitadas.

Também é muito importante que você entenda o porquê de analisarmos separadamente as Gestões de Carteira, Relacionamento e Mix. Por um simples motivo: assim fica mais fácil diagnosticar o nível de maturidade de gestão comercial de uma equipe de vendas recorrentes. Por decorrência disso, também fica mais fácil implementar ajustes e melhorias.

Muitas vezes sou procurado por presidentes de empresas ou diretores de vendas que apresentam uma reclamação frequente: meus vendedores só vendem os produtos que são "carro-chefe". Perdemos muitas oportunidades de ampliar a venda nos clientes que já atendemos, pois eles não oferecem os produtos que o cliente não pede.

É verdade que já constatei em vários casos que apenas o fato de oferecer produtos que o cliente não compra já melhora significativamente os indicadores de mix, como itens por cliente. Mas nem sempre esses líderes percebem que a venda de *mix* não se resume apenas a ofertar os outros produtos que o cliente não pede por iniciativa própria. Na maior parte das vezes, a venda de *mix* é consequência de uma excelente Gestão de Território, de Carteira e de Relacionamento.

A inserção de novos produtos, ou então a substituição de parte ou de toda venda que o seu concorrente vem fazendo no seu cliente, é uma prova de confiança muito grande. A não ser que ele já esteja com muita raiva do seu atual fornecedor, ele achará mais confortável continuar como está.

Além do que a inserção ou substituição de produtos representa certo risco para o cliente. Na hipótese de venda para o varejo, pode ser que esse novo produto não gire em seu cliente. No caso da venda para a indústria, o problema pode ter outra dimensão, pois pode comprometer a fabricação de outros produtos e gerar um prejuízo ainda maior. Será que nesse caso ele terá o seu apoio e o da sua empresa, como parceiros para ajudá-lo a resolver a questão?

ANALISE A CARTEIRA COM A METODOLOGIA RFV

Aqui está um ótimo ponto de partida para iniciar a gestão da carteira. Na sua opinião, qual critério deve ser utilizado para definir o seu melhor cliente? Podemos ter muitas respostas para essa pergunta, das mais simples até as mais complexas.

A RFV — Recência, Frequência e Valor — é uma das formas mais simples e mais eficazes de fazer esse acompanhamento.

Certa vez, o diretor de uma indústria me contou um fato que o deixou muito preocupado. Quando ele foi comprar em uma empresa do varejo, que ele sabia ser um importante cliente de sua indústria, fez uma pergunta cordial ao dono do comércio. Questionou se ele estava sendo bem atendido por sua equipe de vendas. Para sua surpresa, o comerciante lhe contou que já havia muitos anos que não comprava mais os produtos de sua indústria.

É evidente que ele foi se inteirar dos motivos que fizeram aquele varejo deixar de comprar suas embalagens. Mas sua inquietude estava muito além da perda daquele cliente, especificamente. O fato era que um grande cliente havia deixado de comprar com sua empresa, e ele não ficou nem mesmo sabendo. Era impossível deixar de pensar em quantos outros importantes clientes poderiam ter deixado de comprar, sem que ele soubesse.

A informação de que um cliente especial deixou de comprar é fundamental para um gestor. É um *feedback* importantíssimo sobre sua empresa. Pode ser sobre seu preço, atendimento, produto, ou apenas algum mal-entendido. Mas o gestor precisa saber do fato e levantar os motivos de o cliente ter se afastado, para priorizar providências e agir precisamente.

Outro fato importante é que, ao vigiar constantemente os clientes, quando algum deles deixa de comprar, fica muito mais fácil recuperá-lo antes que passe tempo demais e que se percam ainda mais vendas.

Nesse caso que contei, aquele diretor empreendeu ações adequadas ao caso e voltou a atender aquele varejo. Mas é impossível recuperar as vendas que deixou de fazer em todos aqueles últimos anos.

É necessário ter mais controle sobre sua carteira de clientes, para evitar surpresas desagradáveis como nesse caso. Fazer o acompanhamento dos resultados da empresa apenas com indicadores finais, como volume de vendas e rentabilidade, não é o suficiente para atuar com eficiência em vendas recorrentes.

Lembre-se: vendas recorrentes é um campeonato de pontos corridos, e não uma competição mata a mata. É preciso regularidade para ser campeão.

Por mais que as suas vendas estejam bem, é importante sempre pensar no quão saudáveis são os seus resultados. Eles estão concentrados em poucos clientes, ou bem distribuídos por toda a carteira? São constituídos apenas de clientes irregulares ou a maior parte vem dos seus clientes com PCA – Perfil de Cliente-Alvo?

Houve um tempo em que as empresas cuidavam apenas de suas grandes contas, por meio de profissionais KAM – *Key Account Manager*, sem dedicar a mesma energia nos demais clientes da carteira. Assim, muito dinheiro ficava na mesma.

A seguir, eu apresento o exemplo de dois vendedores, que possuem exatamente o mesmo valor de vendas, em faturamento, porém com modelo de atendimento completamente diferentes.

Venda Recorrente

Veja o exemplo:

	Vend. 1	Vend. 2
Faturamento no mês.	R$ 150.000,00	R$ 150.000,00
Clientes em carteira.	40	40
Clientes positivados nos últimos 30 dias.	32	6
Clientes que compraram acima de R$ 3.000 no mês.	23	6
Clientes que compraram mais de 12 vezes nos últimos 12 meses.	26	2

Observe que o vendedor 1 possui regularidade em suas vendas, o que indica um maior nível de planejamento em sua carteira de clientes. Como a maior parte dos seus clientes foi positivada, sua carteira é mais sólida e menos vulnerável a algum cliente específico. Como o vendedor 1 não fica dependente de poucos clientes que compram muito, consegue atuar com uma maior margem de vendas.

Se analisarmos as margens de vendas desses dois profissionais, ficará ainda mais evidente a maior importância do vendedor 1 para essa empresa.

TRABALHANDO COM O RFV

RFV é uma sigla que representa a análise da Recência, da Frequência e do Valor de compra efetuada pelo cliente.

A técnica foi proposta inicialmente para o *Marketing* Direto no livro *Database marketing estratégico*, escrito por Arthur Hughes no final da década de 90 e ainda hoje é uma poderosa forma de fazer a gestão de uma carteira de clientes.

Recência: representa o quão recente foi a última venda feita para o cliente. Ele comprou recentemente, há menos de 30 dias?

Ou será que já faz mais de 120 dias que ele não compra com você?

Frequência: analisando os últimos períodos – geralmente os últimos 12 meses – quantas vezes houve vendas para o cliente? Ele é um cliente frequente ou compra apenas em algumas situações de oportunidade?

Valor: ao longo de um período analisado, qual é a representatividade do valor comprado pelo cliente?

Para cada uma dessas três variáveis é atribuída uma nota de 1 a 5. Sendo que, dentro dessa metodologia, o cliente 5-5-5 será o seu melhor cliente. No caso do cliente 5-5-5, isso quer dizer que se passou pouco tempo desde a sua última compra, que ele compra com regularidade e que suas compras representam um grande valor para a empresa.

Até hoje, considerando todos os segmentos em que implementei o método de cálculo e análise do RFV, em mais de 90% dos casos um período de 12 meses foi a melhor opção para obter um levantamento mais seguro e confiável. Assim, para a atribuição das notas de recência e frequência, na maior parte dos casos tivemos os seguintes resultados:

Recência de compra	
Nota	Dias desde a última compra realizada
5	< 30 dias
4	31 e 60 dias
3	61 e 90 dias
2	91 e 180 dias
1	> 181 dias

Venda Recorrente

Frequência de compra	
Nota	Quantidade de meses com compras, nos últimos 12 meses
5	12 meses
4	10 ou 11 meses
3	6 a 9 meses
2	2 a 5 meses
1	1 mês

Valor de compra	
Nota	Valor de compra acumulado nos últimos 12 meses
5	> R$ 50.000,00
4	R$ 35.000 – R$ 50.000
3	R$ 20.000 – R$ 34.999
2	R$ 6.000 – 19.999
1	< R$ 6.000

Atenção: ao estabelecer as faixas de valor (V) da RFV, analise quantos clientes estarão em cada faixa. Não faz sentido estipular um critério no qual nenhum cliente se enquadre, ou então que quase toda a sua carteira de clientes se encaixe no mesmo critério.

Veja a seguir um exemplo da carteira de um vendedor analisada conforme os critérios apresentados anteriormente:

G2 - Gestão da Carteira

NOME DO CLIENTE	Última compra (data)	Dias da Última compra ("hoje" é 30/9/2018)	R Classificação de Recência	Qtde. de meses com faturamento nos últimos 12 meses	F Classificação de frequência	Valor de compra nos últimos 12 meses	V Classificação de Valor
Cliente A	30/9/2018	0	5	6	3	R$123.450,00	5
Cliente B	30/9/2018	0	5	12	5	R$108.321,00	5
Cliente G	29/9/2018	1	5	11	4	R$51.253,00	5
Cliente F	29/9/2018	1	5	10	4	R$42.352,00	4
Cliente C	29/9/2018	1	5	11	4	R$41.279,00	4
Cliente E	29/9/2018	1	5	9	3	R$35.523,00	4
Cliente D	29/9/2018	1	5	9	3	R$21.385,00	3
Cliente H	29/9/2018	2	5	7	3	R$84.235,00	5
Cliente I	29/9/2018	2	5	12	5	R$36.152,00	4
Cliente J	25/9/2018	5	5	8	3	R$23.215,00	3
Cliente O	23/9/2018	7	5	7	3	R$44.345,00	4
Cliente M	23/9/2018	7	5	10	4	R$16.525,00	2
Cliente L	23/9/2018	7	5	12	5	R$16.373,00	2
Cliente K	23/9/2018	7	5	9	3	R$13.552,00	2
Cliente N	23/9/2018	7	5	9	3	R$9.256,00	2
Cliente P	22/8/2018	39	4	5	2	R$21.646,00	3
Cliente Q	17/8/2018	44	4	11	4	R$22.756,00	3
Cliente R	17/8/2018	44	4	1	1	R$3.164,00	1
Cliente T	28/7/2018	64	3	2	2	R$3.553,00	1
Cliente U	28/7/2018	64	3	4	2	R$942,00	1
Cliente V	22/7/2018	70	3	1	1	R$8.456,00	2
Cliente S	9/7/2018	83	3	2	2	R$3.646,00	1
Cliente X	16/6/2018	106	3	1	1	R$245,00	1
Cliente ZA	13/6/2018	109	3	1	1	R$3.578,00	1
Cliente Z	5/6/2018	117	3	1	1	R$253,00	1
Cliente ZB	5/5/2018	148	2	1	1	R$4.245,00	1
Cliente ZC	3/5/2018	150	2	1	1	R$357,00	1
Cliente ZD	2/5/2018	151	2	1	1	R$6.256,00	2
Cliente ZE	12/2/2018	230	1	1	1	R$246,00	1
Cliente ZF	30/1/2018	243	1	1	1	R$534,00	1
Cliente ZG	27/1/2018	246	1	1	1	R$5.767,00	1

Venda Recorrente

Algumas observações sobre esse exemplo:

- Esses são os campos básicos da RFV, porém é muito normal que em cada realidade o relatório ganhe muitas outras colunas de análise, a depender das informações existentes no sistema. Uma dica é começar com esses campos e evoluir apenas à medida que for ganhando maturidade na gestão dessas informações. Outros campos que podem fazer parte do relatório: data do último orçamento, data da última visita, potencial de compra do cliente, potencial do cliente x realizado no mês, etc.;

- Os clientes desse exemplo estão ordenados segundo a sua Recência (R) de compra. Ou seja, o cliente que comprou por último está em primeiro, e o cliente que efetuou a sua última compra há mais tempo está em último. Você também pode fazer várias classificações diferentes, como ordenando os clientes por valor de compra ou quantidade de meses com faturamento;

- Nesse exemplo, o melhor cliente é o "Cliente B", pois é o único cliente 5-5-5, ou seja, efetuou a última compra nos últimos 30 dias, comprou em todos os 12 últimos meses e tem um valor acumulado de compra acima de R$ 50.000,00, valor escolhido nesse exemplo para atribuir nota 5 de valor;

- O "Cliente A" (não confundir com curva A,B,C — esse é apenas um nome aleatório) tem o maior volume de compras dos últimos 12 meses, somando R$ 123.450,00. Porém, não é o melhor cliente quando analisado segundo as métricas da RFV;

- O "Cliente Q" comprava todos os meses até o mês atual. É preciso entender o que houve para que ele tenha deixado de comprar esse mês e agir rapidamente para que o problema não se agrave.

G2 - Gestão da Carteira

> Outras inúmeras análises podem ser realizadas. Faça um exercício agora, relacione outros pontos que chamaram a sua atenção sobre a carteira desse vendedor:
>
> _____
> _____
> _____
> _____

Esta planilha irá ajudá-lo a tomar decisões rápidas sobre a sua carteira de clientes, analisando com facilidade cliente a cliente. Algumas informações mais importantes da sua Ficha de Combate poderão estar presentes em colunas adicionais dessa ferramenta (segmento, porte, endereço, etc). O importante é que você tome cuidado para não colocar mais informações do que conseguirá analisar e evite tomar ações rápidas com relação a esse relatório.

Aconselho que você faça uma listagem com todos os clientes da empresa e crie colunas que lhe facilitem o filtro, podendo analisar a carteira específica de determinada equipe e de determinado vendedor.

Crie uma rotina em sua empresa, equipe ou com a sua própria carteira de clientes para analisar a quantidade de clientes que pertencem a cada um dos critérios observados.

Essa rotina deve ser no mínimo mensal, porém, se for possível fazê-la quinzenal ou até semanal, isso o ajudará a tomar decisões mais assertivas durante o seu mês de vendas. Veja a seguir um exemplo do acompanhamento que pode ser feito.

Venda Recorrente

R (Recência) – Última compra						
Data do relatório	5 < 30 dias	4 31 a 60 dias	3 61 a 120 dias	2 121 a 180 dias	1 > 180 dias	TOTAL DE CLIENTES EM CARTEIRA
15/9/18	14	4	7	3	3	31
30/9/18	15	3	7	3	3	31

Nesse exemplo, a positivação de clientes melhorou nos últimos 15 dias, pois passou de 14 para 15 clientes com compra efetuada nos últimos 30 dias.

F (Frequência) – Meses com positivação nos últimos 12 meses						
Data do relatório	5 12 meses	4 10 ou 11 meses	3 6 a 9 meses	2 2 a 5 meses	1 1 ou nenhum mês	TOTAL DE CLIENTES EM CARTEIRA
15/9/18	2	6	8	4	11	31
30/9/18	3	5	8	4	11	31

V (Valor) – Valor total de compra						
Data do relatório	5 12 meses	4 10 ou 11 meses	3 6 a 9 meses	2 2 a 5 meses	1 1 ou nenhum mês	TOTAL DE CLIENTES EM CARTEIRA
15/9/18	5	4	4	6	12	31
30/9/18	4	5	4	6	12	31

G2 - Gestão da Carteira

Analisando a frequência de compras, houve uma pequena melhora, com um cliente a mais entrando na classificação máxima, ou seja, que efetuou alguma compra (emissão de NF) em todos os últimos doze meses.

Nessa última análise, sobre o valor de compra acumulado dos últimos 12 meses, houve uma piora. Um dos clientes, que se enquadrava com a nota máxima de valor, saiu dessa classificação nesse último relatório do dia 30/09. O quanto antes esse diagnóstico for feito, será mais fácil recuperar esse volume de vendas.

Dicas: se você precisar gerar os seus próprios relatórios, uma realidade muito comum na maior parte das empresas, que são de médio ou pequeno porte, é não ter profissionais dedicados a fazer os relatórios e as análises de vendas. Nesses casos, para conseguir gerar seus próprios relatórios, você irá precisar de conhecimento em duas áreas.

Sistemas: você precisa entender como o sistema da sua empresa (ERP) armazena e extrai informações. Se tiver alguém de TI que possa ajudá-lo a entender, o caminho será muito mais fácil. Questione quais são todas as possibilidades de relatórios. Será muito comum que você sinta falta de algumas análises ou queira personalizar seus relatórios. Pedir para sua equipe de TI ou fornecedor do sistema uma mudança no *software*, pode custar muito dinheiro e demorar bastante tempo. Essa é uma alternativa que, por experiência em muitos casos, não recomendo. Infelizmente, já vi muitos gestores fracassarem com suas equipes por ficar mais de um ano à espera de relatórios e análises e passar todo esse tempo "pilotando no escuro".

Venda Recorrente

Uma alternativa muito melhor é pedir para sua equipe de TI extrair um banco de dados em .xls (Excel) sem nenhum filtro. Você irá observar que a planilha terá uma quantidade enorme de campos. O primeiro passo é entender cada um desses campos, como o sistema calcula ou como são inseridos manualmente, em quais você pode confiar e quais serão essenciais para seus relatórios.

Após escolher quais são as informações mais confiáveis e que podem ser utilizadas em seus relatórios, você precisará do segundo conhecimento: Excel.

Excel: em vendas recorrentes é muito comum que analistas ou gestores tenham que trabalhar com enormes bancos de dados para então conseguir formatar seus relatórios. Mesmo no caso de você ter assistentes que façam os relatórios, conhecer pelo menos basicamente o funcionamento e as possibilidades do Excel será fundamental para você solicitar que façam os relatórios certos.

!!! CUIDADO !!!

Na implementação da RFV, você encontrará muitas oportunidades de melhorar o cadastro de clientes.

Uma das dificuldades que são encontradas com frequência é para o caso de um mesmo cliente ter vários CNPJs comprando. Aos olhos do sistema, podem haver vários CNPJs, mas você sabe que representa apenas uma decisão de compra.

Nesse caso, peça ajuda para sua equipe de TI ou para seu fornecedor do sistema a fim de criar agrupamentos de CNPJ.

Para acompanhar como anda a saúde da sua carteira de clientes, você pode optar entre duas formas:

A) Acompanhar a quantidade de clientes em cada um dos critérios da RFV. Assim, você analisa a variação, mês a mês, de clientes com:

- **Recência -** em um mês você identificou que tem 29 clientes com recência nota 5, ou seja, que compraram nos últimos 30 dias. Em outro mês, você observa que esse número passou para 32 clientes. Ou seja, você melhorou a sua carteira no critério Recência de Compra.

- **Frequência -** o mesmo vale para frequência. Em um mês, você identificou que tem 10 clientes com nota máxima de frequência cinco, pois compraram em todos os últimos 12 meses. Já em um outro mês, esse número foi para 8 clientes. Nesse exemplo, acende a luz amarela, e você deve sempre identificar quais foram esses clientes que baixaram suas notas de frequência de compra.

- **Valor -** com o critério valor, da mesma forma. Dois meses atrás você identificou que tinha em sua carteira 5 clientes com classificação máxima de valor de compra. Já no mês atual, identificou que esse número subiu para 6 clientes. Nesse caso, você melhorou sua carteira elevando 1 cliente para o patamar mais alto.

B) Ponderar indicadores da RFV, e até mesmo outros indicadores se desejar, atribuindo uma nota única para cada cliente.

Nesse caso, cada cliente terá uma nota. Você pode estipular como parâmetro do melhor cliente a nota 100. Assim, você atribui pesos, de acordo com a importância que você queira dar para cada critério. Veja o exemplo:

Venda Recorrente

Critério	Regra (analisando os últimos 12 meses do cliente)	Pontos
Recência (Representa 25% de peso)	Última compra a 30 dias ou menos	25
	Última compra entre 31 e 60 dias	20
	Última compra entre 61 e 90 dias	15
	Última compra entre 91 e 180 dias	10
	Última compra a 181 dias ou mais	0
Frequência (Representa 25% de peso)	12 meses com positivação	25
	10 ou 11 meses com positivação	20
	6 a 9 meses com positivação	10
	2 a 5 meses com positivação	5
	0 ou 1 mês com positivação	0
Valor Acumulado (Representa 40% de peso)	Igual ou acima de R$ 50.000 nos últimos 12 meses	40
	Entre R$ 35.000 e R$ 49.999 nos últimos 12 meses	30
	Entre R$ 20.000 e R$ 34.999 nos últimos 12 meses	20
	Entre R$ 6.000 e R$ 19.999 nos últimos 12 meses	10
	Igual ou menos de R$ 4.999 nos últimos 12 meses	0
Pagamento* (Representa 10% de peso)	Pontual	10
	Atraso de pagamento (única vez)	5
	Atraso recorrente (mais de uma vez)	0

*Observe que nesse exemplo, além dos critérios de RFV, também foi posto um critério de Pontualidade de Pagamento. Todos os critérios, intervalos e pontuações irão variar de acordo com a sua estratégia naquele momento.

G2 - Gestão da Carteira

Criar programas para a fidelização de clientes, incentivando o fortalecimento dos indicadores de carteira, é uma estratégia muito eficaz.

Para tanto, será fundamental:

- Criar indicadores e ponderações que espelhem a sua estratégia comercial;
- Criar classificações de clientes e condições diferenciadas, como:

Classificação	Pontuação	Política de preço
Bronze	30 pontos ou menos	Preço de tabela
Prata	Entre 31 e 50 pontos	- 0,5% da tabela
Ouro	Entre 51 e 60 pontos	- 1% da tabela
Platina	Entre 61 e 80 pontos	- 1,5% da tabela
Diamante	81 pontos ou mais	- 2% da tabela

- Implementar no sistema (ERP) as regras para enquadramento automático do cliente a cada novo pedido;
- Descrever com todos os detalhes as regras do programa, para que não fique nenhuma dúvida;
- Estabelecer uma comunicação eficaz com clientes da carteira, para estimular o aumento da pontuação.

Certa vez, ao dar aula para uma turma de MBA sobre gestão comercial, percebi que a maioria dos alunos tinha facilidade para entender esses conceitos, porém me questionava muito sobre como gerar esses relatórios em suas empresas. Preparei então uma base de dados em Excel, para que pudéssemos praticar esse exercício na última aula daquele módulo. Deu trabalho simular um banco de dados com milhares de linhas, mas o *feedback* dos alunos foi extremamente positivo, pois eles puderam exercitar a criação e análise de seus próprios relatórios durante a aula. Eles apenas me questionaram por que eu não havia dedicado mais tempo para aquele exercício prático. Falaram que eu deveria ter investido menos tempo na teoria e mais tempo nesta aula prática. Eles estavam cobertos de razão. Nas outras turmas em que dei aula sobre esse assunto fui breve nos conceitos, e passamos muito tempo exercitando e até mesmo discutindo critérios que poderiam ser customizados para as empresas de cada aluno. Essa nova abordagem foi muito mais produtiva.

Uma planilha em Excel nas mãos de um gestor tem mais valor do que o melhor *software* de CRM do mundo, quando utilizado apenas por um analista.

AOS LÍDERES

Alguma vez você tentou implementar uma metodologia de vendas e não obteve sucesso?

Após acompanhar algumas implementações de métodos de vendas, pude constatar que geralmente as dificuldades enfrentadas pelas empresas na implementação de uma metodologia de vendas não estão relacionadas à falta de conhecimento ou visão dos seus líderes. Estes, na maior parte das vezes, conhecem os conceitos e as necessidades de suas equipes, mas muitos fracassam pois erram em alguns pontos:

- Operacionalização;
- Divergência de interesses;
- Falta de capacitação das equipes.

Por essa razão, convém pensar sempre em alguns fatores que contribuem para o sucesso de implementação e para o uso de uma metodologia. Assinale a seguir quais das afirmativas são uma realidade para você:

( ) Tenho conhecimento suficiente de *Excel*, ou ferramenta similar, para não ficar completamente dependente de indicadores e relatórios de outras áreas ou de outros sistemas.
( ) Faço uma boa gestão de prioridades, dedicando tempo de qualidade para o desenvolvimento da minha equipe.
( ) Faço reuniões individuais com cada vendedor, dando *feedback* e traçando metas personalizadas para cada carteira.
( ) Utilizo e cobro da equipe o uso dos sistemas implantados pela empresa.

PLANEJE O ATENDIMENTO DA CARTEIRA, COM FREQUÊNCIA E SEQUÊNCIA DE CONTATOS

Como é a sua organização de atendimento dos clientes da carteira? Prefere organizar por dias da semana, horários, regiões, ou qualquer outra forma? Separa um período na semana para organizar o planejamento ou estabelecer contatos por telefone?

Para cada realidade haverá uma melhor forma de organizar o atendimento da carteira. O que não se pode aceitar é "não ter uma organização de frequência e sequência". Se você ainda pensa que não tem como criar uma rotina com seus clientes, pois sempre surgem imprevistos, tenho uma notícia não muito boa para lhe dar: a chance de você ter um concorrente que está fazendo isso, ou se organizando para revolucionar o atendimento de seus clientes, é muito grande.

Comece o planejamento de forma mais flexível, pois será mais fácil conseguir segui-lo. Com a prática, você ficará cada vez melhor em evitar imprevistos e isso irá melhorar a sua capacidade de planejar suas ações comerciais.

Mesmo com alto grau de maturidade em planejamento de rotina comercial, em vendas você sempre precisará deixar um espaço para imprevistos, pois estamos falando de atendimento a clientes e, por melhor que façamos a programação de atendimento, alguma coisa sempre pode sair do previsto. Procure chegar em um nível de planejamento deixando no máximo um espaço de 15% para imprevistos, e os outros 85% siga conforme definido.

Se a sua empresa trabalha com algum *software* de agendamento ou roteirização de visitas, utilize essa ferramenta para fazer o seu planejamento. Mesmo que seus agendamentos sejam realizados no sistema, ter uma visão mais ampla de como será organizada a sua semana escrevendo em uma folha, de forma bem visual, poderá ajudar muito a priorizar e planejar o mais importante. Veja alguns exemplos.

a) Exemplo de planejamento: dia da semana x cidade x formato de atendimento.

Semana	Dia		Formato de atendimento	
			Presencial	Telefone
Semana 1	Seg.		X	Relação de clientes para atendimento por telefone, na segunda-feira.
	Ter.		Relação de clientes para atendimento presencial, terça-feira, na cidade X.	X
	Qua.	cidade X	Relação de clientes para atendimento presencial, quarta-feira, na cidade X.	Relação de clientes para atendimento por telefone, quarta-feira.
	Qui.		Relação de clientes para atendimento presencial, quinta-feira, na cidade X.	Relação de clientes para atendimento por telefone, quinta-feira.
	Sex.	cidade Z	Relação de clientes para atendimento presencial, sexta-feira, na cidade Z.	Relação de clientes para atendimento por telefone, sexta-feira.

b) Exemplo de planejamento: dia da semana x atividade.

Semana	Dia	Período	Atividade
Semana 1	Seg.	Manhã	Agendamento de visitas e preparação de materiais (amostras, apresentações, etc.).
		Tarde	Ligações para clientes inativos há mais de 20 dias.
	Ter.	Manhã	Fazer visitas conforme roteiro estabelecido.
		Tarde	
	Qua.	Manhã	
		Tarde	
	Qui.	Manhã	
		Tarde	
	Sex.	Manhã	Conferir fechamento de carga e ligar para clientes com inadimplência.
		Tarde	

Pare agora por um momento para fazer uma reflexão. Em uma folha de papel, descreva em linhas gerais como você organiza a sua semana de trabalho. Depois compare esse seu método com os exemplos dados anteriormente e procure identificar se ainda existe algum ponto a melhorar.

DEFINA A ABORDAGEM ANTES DE CADA CONTATO

Você pode pensar que só porque conhece muito bem o seu cliente, pois faz muito tempo que o atende e o visita com grande frequência, já sabe tudo sobre ele.

Esse é um erro muito comum entre os profissionais de venda recorrente. É lógico que conhecer o time de futebol do cliente e ter assuntos de quebra-gelo é fundamental. Mas não pode parar por aí.

Antes mesmo de entrar na empresa cliente, é imprescindível que você saiba alguns pontos, como:

- Qual foi o último pedido (data, produtos e quantidades)?
- Quais produtos que o cliente geralmente compra e que não foram inseridos no último pedido?
- Quais são os seus produtos que estão em promoção?
- Existe algum produto em lançamento que deverá ser apresentado? Se sim, os materiais estão com você a fácil acesso?
- Todos os objetivos da visita estão claros para você antes de abordar o cliente?
- Além da sugestão de pedido, com base no histórico de compra, dos lançamentos e das promoções, terá ainda alguma ação de relacionamento que deve ser intensificada?

Venda Recorrente

Mesmo se você já trabalhe com um *software* Força de Vendas, que lhe fornece todas essas informações instantaneamente, não adiantará muita coisa deixar para consultar o histórico do seu cliente quando já estiver em frente a ele. O ideal é que você invista 5 minutos para estudar essas informações antes da abordagem, pois conseguirá dedicar o tempo em que estiver com o cliente para conduzir seu atendimento conforme as oportunidades que já foram identificadas.

CONTATE CLIENTES SEGUINDO O PLANEJAMENTO DE ATENDIMENTO ESTABELECIDO

Após a preparação e o planejamento dos objetivos da visita ou do contato com o cliente, está na hora de entrar em ação.

Diferentemente do que foi apresentado na Gestão do Território, em que poderíamos estar tratando com um "não cliente", esta abordagem é para um cliente de quem você já tem grande conhecimento e, naturalmente, pode ter várias afinidades.

Porém, mesmo que a situação seja diferente, as técnicas de vendas apresentadas no capítulo "Aborde o cliente com técnicas de vendas e atitude" também são aplicáveis nesta situação.

Meu primeiro contato com vendas recorrentes foi em uma empresa de bebidas de alta rotação, em Portugal, no ano de 2008. Naquela época, tudo era novo para mim. O modelo de vendas, a cultura diferente do povo português, novos colegas de trabalho, enfim, muita coisa estava fora da minha rotina.

O brasileiro tem fama de ser sorridente e alegre. Diferentemente, o povo português é mais sério e até mesmo um pouco melancólico. Quando comecei a fazer rotas com os vendedores lusitanos, em um primeiro momento fiquei assustado, pois mal eu e o vendedor colocávamos os pés dentro do café, restaurante ou bar do cliente e ele já fechava a cara, acenava com mão e dizia "passa para a semana". Se persistíamos entrar e iniciar uma conversa, logo vinham as lamentações sobre a economia, que as coisas estavam mal e outras coisas desse tipo. Confesso que no início isso me abalou. Mas, de tanto acompanhar as equipes, entendi como os campeões de vendas conseguiam enfrentar essa barreira e efetuar mais vendas do que os outros vendedores.

Eles faziam duas coisas simples:

a) **Teciam elogios sinceros aos seus clientes** - dava para notar que não era algo decorado e falado igualmente para todos os clientes. Eles realmente personalizavam o elogio para cada cliente. Era muito raro ter um cliente que não tivesse nada a se elogiar.

> *"Senhor Pedro, o seu café está em um dos melhores pontos da cidade, logo as coisas irão melhorar e o senhor voltará a receber aquele monte de clientes novamente."*
>
> *"Seu Afonso, eu não conheço um café mais aconchegante que o do senhor. Fico realmente feliz cada vez que visito o senhor e posso beber um café especial em sua companhia."*
>
> *"Eu atendo mais de 20 restaurantes na região e não vejo nenhum com a limpeza e bom aspecto que o restaurante do senhor tem, seu Antônio."*

b) **Mencionavam alguma boa notícia** - podia ser sobre economia, política, esportes, ou qualquer outro assunto que o vendedor sabia que seu cliente gostaria de ouvir.

> *"Senhor Miguel, agora que o Sporting (time da 1ª divisão do Campeonato Português) trouxe esse reforço é que vai ficar difícil para nós (se referindo ao seu time e maior rival, o Benfica).*
>
> *"O senhor viu que neste final de semana Portugal ganhou mais uma medalha de ouro com o Nelson Évora? Orgulho para nós!"*
>
> *"Saiu ontem que a perspectiva do governo é de baixar os juros. Já falam em uma melhora da economia".*

Essa é uma competência dos melhores vendedores: iniciar uma conversa com um assunto agradável, favorecendo uma abertura do cliente. Por outro lado, também existem os clientes que gostam de ir "direto ao assunto" e, de forma muito objetiva, preferem efetuar logo o pedido. Nesses casos, os campeões de vendas também são flexíveis e se adaptam ao perfil do cliente, indo direto ao assunto.

Para alguns vendedores, mais relacionais, o desafio não está em quebrar o gelo com o cliente, mas sim em sair do quebra-gelo e iniciar o "papo de vendas". Esses profissionais correm o risco de cultivar apenas o relacionamento de amizade, o que é diferente do relacionamento profissional com foco em positivação, que irei explorar nos próximos capítulos.

MAPEIE CLIENTES INATIVOS E CONDUZA AÇÕES FOCADAS PARA A REATIVAÇÃO

Dependendo do mercado em que você atua, pode variar o tempo que um cliente fica sem comprar, para ser considerado como um cliente inativo. Em uma distribuidora de produtos de tecnologia, é normal que os clientes, em alguns casos, cheguem a fazer compras programadas para até três meses, por se tratar de negociações complexas de produtos de alto valor agregado. Nesses casos, para um cliente ser considerado inativo, ele deverá estar sem comprar por pelo menos quatro ou cinco meses. Por outro lado, em uma distribuidora de frutas, o tempo para que um cliente seja considerado inativo é completamente diferente. Por se tratar de um produto altamente perecível, o cliente não tem como fazer grandes estoques. Nesse caso, um cliente que deixa de comprar por mais de uma semana já pode ser considerado um potencial cliente inativo, se nada for feito para reconquistá-lo.

No caso de o cliente ser considerado inativo, existem quatro principais fases a serem percorridas, na maioria dos casos, para trazê-lo de volta às compras:

| Contatar o cliente inativo | Identificar o motivo da inatividade (por que deixou de comprar?) | Resolver (ou encaminhar para responsável) motivos apontados pelo cliente | Fazer novo pedido, reativando o cliente |

Tire agora algum tempo para fazer uma análise da sua carteira de clientes. E então, você consegue rapidamente responder como a sua carteira está nesse momento?

G2 - Gestão da Carteira

Total de clientes ativos	
Total de clientes inativos	
Total de clientes com motivo da inatividade já identificado	
Total de clientes inativos contatados nos últimos 30 dias	
Total de clientes cuja solução já foi encaminhada para um responsável	
Total de clientes que já foram reativados nos últimos 30 dias	

Existem muitas formas de fazer a gestão de clientes inativos. Uma das mais poderosas é estruturando um processo de revisão das vendas ganhas e perdidas. Em um processo "parrudo", contrata-se uma empresa especializada para conduzir entrevistas com clientes inativos, de modo que essa empresa neutra possa ouvir o lado do cliente e, assim, auxiliar seu próprio contratante na busca de alternativas para a correção de estratégias ou de processos comerciais.

Ao conduzir projetos com esse processo, vivenciei muitas histórias curiosas, mas uma realmente me deixou impressionado.

Uma empresa havia perdido o BID[4] para fornecimento de embalagens para uma multinacional nos últimos dois anos consecutivos. Antes de participar da terceira tentativa, solicitou que eu incluísse seu cliente no processo de análise, para que novas estratégias pudessem ser tomadas.

Ao conhecer os critérios de compra e receber o *feedback* sobre o motivo pelo qual meu cliente havia perdido os dois anos anteriores, fiquei surpreso. A resposta mais óbvia, e que meu cliente imaginava ser o motivo das perdas, era o preço. Mas mesmo na segunda tentativa, ao baixar ainda mais as margens, esse não foi suficiente para ganhar o negócio.

---

4. Palavra em inglês que significa, literalmente, lance. É o termo utilizado quando uma empresa fornece um escopo fechado para vários possíveis fornecedores e solicita que lhe enviem o valor que as suas respectivas empresas podem fazer. Assim, a empresa define quem será o seu fornecedor.

Venda Recorrente

Quando o comprador me informou que os preços estavam semelhantes e que o motivo da perda havia sido uma avaliação de risco, fiquei ainda mais surpreso. Eu conhecia aquele mercado, sabia qual empresa havia ganhado os BIDs anteriores e sabia que era uma companhia pouco sólida economicamente, ao contrário do meu cliente.

O comprador me informou que o risco era avaliado por meio de um *score* atribuído pelo Serasa Experian[5]. Resumindo a história, a única coisa que faltava para meu cliente ter uma melhor classificação de risco, e assim ganhar aquela grande oportunidade, era fazer um cadastro gratuito na plataforma do Serasa. Parece ridículo, mas um negócio com capacidade de quase dobrar o tamanho de uma indústria estava sendo decidido pela falta de um cadastro gratuito.

Essa história me ensinou a não subestimar ruídos na comunicação entre compradores e vendedores e principalmente a ter um olhar mais amplo sobre os motivos pelos quais ganhamos ou perdemos um negócio.

Esse é um exemplo extremo, eu sei, mas a mensagem que eu quero passar para você é que olhe para muito além do óbvio, que é o preço, quando a sua empresa ganhar ou perder um negócio.

Uma revisão das vendas ganhas e perdidas não precisa ser conduzida por uma empresa de fora, em um projeto complexo. Não espere por isso. Você pode hoje mesmo começar a implementar esse processo em sua equipe, ou em suas próprias vendas.

Você precisará inicialmente apenas de uma coisa. Um formulário com campos customizados para análise, tanto das suas vendas perdidas como de suas vendas ganhas.

---

5. Serasa Experian: é uma marca brasileira de análises e informações para decisões de crédito e apoio a negócios.

O ideal é que seja um formulário simples e objetivo, preferencialmente com campos fechados, para lhe facilitar a compilação dos motivos.

Exemplo de formulário:

Motivo da perda:
( ) Problema logístico (sim/não)
Qual problema?
( ) Problema de crédito ou financeiro (sim/não)
Qual problema?
( ) Problema de relacionamento/atendimento (sim/não)
Qual problema?
( ) Cliente parou de trabalhar com esse produto (sim/não)
Qual problema?

Venda Recorrente

( ) Preço (sim/não)
Perdeu para qual concorrente?
_____
_____
_____
_____
Qual a condição comercial do concorrente?
_____
_____
_____
_____
_____

Faça uma experiência. Peça para um colega da sua empresa entrar em contato com algum cliente inativo de sua carteira, para perguntar-lhe sinceramente os motivos. Em alguns casos, você pode surpreender-se com as respostas.

Adquiri há muito tempo esse hábito de analisar todas as minhas vendas perdidas. Em 100% dos casos encontro alguma coisa que poderia ter feito de diferente. São informações que me ajudam a conduzir os novos processos de vendas que enfrento.

Vendas Recorrentes é um campeonato de pontos corridos. É preciso regularidade para ser campeão!

G2 - Gestão da Carteira

RESUMINDO A GESTÃO DA CARTEIRA

Objetivo: atuar de forma planejada com sequência e frequência de contatos para todos os clientes-alvo da carteira, garantindo a positivação regular de cada um deles.

Exemplos de atividades-chave:
- Analisar a carteira por meio da metodologia RFV;
- Planejar atendimento da carteira, com frequência e sequência de contatos;
- Mapear clientes inativos e conduzir ações focadas para a reativação;
- Planejar a abordagem antes de cada contato;
- Contatar clientes seguindo o planejamento de atendimento estabelecido;
- Gerir a carteira de inadimplentes.

Exemplos de indicadores de meio:
Sempre analisar os indicadores das duas formas
(todos os clientes / apenas prioritários).

- Classificação da carteira em RFV – Recência, Frequência e Valor;
- Total de clientes ativos (compraram nos últimos 90 dias);
- Clientes positivados no mês;
- Clientes reativados (estavam sem comprar havia mais de 90 dias);
- Representatividade dos "x" maiores clientes da carteira, sobre as vendas totais da equipe;
- % de aderência ao roteiro de visitas planejado.

G3 - GESTÃO DO RELACIONAMENTO

Afinal de contas, qual é a diferença entre a Gestão do Relacionamento e a Gestão da Carteira, que foi apresentada no capítulo anterior? Será que uma é mais importante do que a outra? Ou ainda, será que tem como fazer uma sem fazer a outra?

Uma das primeiras ações em um projeto de implementação de um Método de Vendas é sair com os melhores vendedores da empresa e fazer a rota com eles, rodar muitos quilômetros, abordar diferentes tipos de clientes e em diferentes níveis de relacionamento com a empresa e com o profissional em questão, para então entender o porquê dos resultados diferenciados obtidos por esses vendedores.

Mas quer saber de uma coisa? Em 100% dos casos, a primeira resposta encontrada é que tudo se deve ao relacionamento. "Não precisava nem de consultoria para identificar isso", você deve estar pensando. E seria verdade, se a resposta parasse por aqui.

Agora, analise comigo estes dois tipos de relacionamentos:

- **Relacionamento de amizade -** o mais comum de ser encontrado. O vendedor é amigo dos seus clientes. Pode ser da mesma igreja, do futebol, do churrasco, da cerveja, de ou qualquer outro meio de convívio. Esse relacionamento foi cultivado durante muitos anos e, antes que você pense que vou falar mal dele, é sim muito importante.

  Em muitos casos, também é normal que essa amizade tenha sido construída sobre a confiança do cliente pelo vendedor, pois o cliente sabe que o vendedor sempre irá "resolver" seus problemas. São casos em que o vendedor não tem medo de enfrentar dentro de sua empresa qualquer área para defender o seu cliente com unhas e dentes. Aos poucos, o cliente vai entendendo que o vendedor é "ele" dentro do fornecedor.

- **Relacionamento consultivo** - um pouco mais raro do que o primeiro tipo. O vendedor é visto por seu cliente como um consultor da sua empresa. Alguém que, além de defendê-lo quando tiver algum problema na empresa, também agirá proativamente para evitar que esses problemas ocorram. É normal nesse tipo de relacionamento que o vendedor seja consultado por seu cliente para qualquer assunto relacionado ao seu negócio, mesmo que não esteja relacionado com os produtos que o vendedor representa. O cliente enxerga o vendedor como alguém que entende não apenas dos produtos que vende, mas sim do segmento de empresa que ele atende. Tem interesse em saber o que outras empresas de seu segmento estão fazendo. Ou, mesmo que não demonstre por si mesmo o interesse, quando o vendedor dá alguma orientação, preocupa-se em prestar atenção no que ele diz e colocar em prática.

Existem, porém, alguns diferentes níveis de atendimento consultivo. Após acompanhar centenas de vendedores de alta *performance*, montei uma breve escala com cinco diferentes níveis consultivos, que vou apresentar para você um pouco mais adiante neste livro.

É claro que você pode ter esses dois tipos de relacionamento com o mesmo cliente. O que é muito bom! Pois, além da amizade, da parceria e de afinidades, também existe o respeito e a confiança necessários para ajudar o cliente a ganhar cada vez mais dinheiro com os seus produtos.

O que eu quero chamar atenção ao apresentar esses dois tipos de relacionamento é para os casos, que não são poucos, de vendedores que têm apenas o primeiro tipo apresentado: relacionamento de amizade.

Para esse tipo de profissional, que tem apenas o relacionamento de amizade, acende uma luz amarela (vermelha em muitos casos). Por mais que ele seja o atual "campeão de vendas" de sua empresa, é preciso estar muito atento, porque esse modelo já está desaparecendo do mercado. As empresas que compram seus produtos estão mudando e o seus concorrentes que estão no mesmo mercado que você também estão.

Veja a seguir algumas **desvantagens** de ter apenas o tipo de relacionamento de amizade:

- Esse modelo funcionou muito no passado, quando existiam poucos concorrentes. Nesse sentido, ficava mais fácil para o cliente ser "fiel" ao seu vendedor amigo. Atualmente, com a enorme quantidade de produtos semelhantes e a competitividade mais acirrada, o cliente tende a separar mais as duas coisas. Amizade é uma coisa, negócios à parte;

- Em vários segmentos, é normal ver que essa geração que criou seus negócios do varejo apenas por meio do relacionamento que tinha com clientes e fornecedores está aos poucos sendo assumida por seus filhos, profissionais de uma geração que estudou mais do que a de seus pais e procura conduzir os negócios de maneira mais técnica e menos relacional;

- As empresas que têm esse tipo de profissional, que muitas vezes chamam de "*old school*" (termo que quer dizer que é profissional da antiga escola, no caso do segmento em que trabalha), buscam constantemente alternativas para reduzir a dependência, até não precisarem mais deles. Isso ocorre porque geralmente profissionais com esse perfil:

- Concentram suas vendas em poucos clientes, pois não precisam de mais do que isso para conseguir alta remuneração. Assim, custam caro para a empresa e não fazem uma gestão adequada do território e da carteira;

- São apenas voltados a defender os interesses do cliente e nunca da empresa em que trabalham ou que representam. Não vendem produtos novos e nem aderem com facilidade a novas ferramentas de trabalho;

- Têm cada vez menos relacionamentos com clientes da carteira, pois não conseguem conquistar esse relacionamento com novos clientes. E, como já citei, esses clientes que são mantidos apenas pelo relacionamento tendem a diminuir muito;

- Estão muito mais acessíveis, para as empresas, processos e ferramentas que as ajudem a ter maior gestão e relacionamento com seus clientes. Assim, o relacionamento não fica mais exclusivamente entre vendedor e cliente, mas também entre empresa e cliente.

Ao ler tudo isso, é compreensível que você esteja em dúvida sobre o tipo de relacionamento que tem com seus clientes. Por isso, coloquei algumas questões a seguir que podem ajudá-lo a fazer uma avaliação mais detalhada sobre esse aspecto. Marque um "x" nas alternativas que espelham a sua realidade:

Venda Recorrente

( )	Tenho facilidade para abrir novos clientes, pois conheço as "dores" existentes no segmento em que atuo e consigo falar em uma linguagem que atrai a atenção desse perfil de cliente.
( )	Ao sair para fazer rota com gestores ou colegas, levo-os por iniciativa própria para conhecerem tanto os clientes que atendo há muitos anos quanto clientes novos e até mesmo os não clientes.
( )	Lembro-me bem dos clientes com quem aumentei meu nível de relacionamento consultivo nos últimos dois meses.
( )	Os clientes se interessam por minhas opiniões relacionadas às suas empresas. Quando faço sugestões, mostram-se atentos ao que falo e geralmente colocam em prática em seus negócios.
( )	**Venda Recorrente para o varejo** - Promovo rotineiramente, em alguns clientes, ações com foco em aumentar o *sell out* dos produtos que vendo, como: treinamentos para vendedores do cliente, sugestões de preço de venda, posicionamento do produto no PDV, tabloides, promoções, etc. **OU**
( )	**Venda Recorrente para a Indústria** – Conheço profundamente o sistema de produção do meu cliente e frequentemente faço orientações sobre a forma correta de utilização e armazenamento dos produtos que forneço.
( )	Mensuro os resultados das ações implementadas em meus clientes e formalizo para eles, de forma a valorizar a minha atuação consultiva.

Se você marcou um "x" em pelo menos quatro destas seis questões, parabéns. Você está agindo consultivamente e agregando valor aos seus clientes. Não será apenas um *e-commerce* B2B que irá torná-lo obsoleto para sua empresa.

PROCURE SEMPRE GERIR O RELACIONAMENTO COM O APOIO DA FICHA DE COMBATE

Certa vez, ao fazer rota com uma vendedora visitando lojas agropecuárias, fiquei bastante curioso com uma situação. Percebi que ela não vendia certo produto do *mix* em nenhum de seus clientes — sequer o mencionava para eles. Eu sabia que o produto em questão era uma das fortalezas do *mix* dessa empresa e perguntei a ela o porquê de não o oferecer.

Segundo a vendedora, todos os clientes já sabiam da excelente qualidade do produto e não tinham nenhuma dúvida quanto a isso, mas optavam por não comprá-lo devido ao seu alto valor.

Após rodarmos muitos quilômetros e visitarmos várias empresas, pedi licença a ela e fiz uma pergunta ao comprador:

— Sr. Pedro, vejo que o senhor não trabalha com a ração para peixes de nossa empresa. O senhor já conhece o produto?

— Conheço sim, mas o preço é muito alto. Ele respondeu.

— Se ele tivesse exatamente o mesmo preço que as marcas que o senhor trabalha atualmente, daria a preferência para o nosso produto? Perguntei a ele.

— Com certeza, sim.

— Quanto a mais o senhor estaria disposto a pagar pelo nosso produto, visto que o senhor já conhece a qualidade superior?

— Ah, acho que até uns 10% a mais eu conseguiria repassar aos meus clientes. Todos gostam do seu produto.

— O senhor nos permite analisar uma forma para que a sua loja comece a trabalhar com a nossa ração para peixes?

— Sim, podemos analisar.

Venda Recorrente

Após essa conversa, a vendedora analisou os custos que o seu concorrente estava praticando para esta empresa e comparou com a sua tabela de preços. A surpresa foi enorme! O preço do produto que a vendedora representava estava um pouco mais baixo do que o de seu concorrente. Tanto a vendedora quanto o comprador ficaram muito surpresos.

Fazia alguns meses que eles não comparavam os preços. O vendedor da empresa concorrente, mais atento, percebeu a falta de concorrência e elevou o preço de seu produto gradativamente para melhorar a sua margem de venda.

Na sequência abordamos uma nova empresa, na mesma cidade, e ela então fez a mesma pergunta que eu havia feito na loja anterior. O resultado foi o mesmo. Enfim, ela ficou impressionada com o resultado e ao mesmo tempo preocupada. Ela me disse: "não sei quantas vendas eu já perdi simplesmente por não acompanhar o preço do meu concorrente".

Na indústria e distribuição isso é algo muito comum. Os preços variam com enorme frequência, e os vendedores mais atentos, e que têm informações atualizadas sobre seus clientes e concorrentes, sempre obtêm os melhores resultados.

A Ficha de Combate, apresentada na parte II, é o instrumento que irá auxiliá-lo nesse desafio. Vamos supor que essa vendedora tivesse cem clientes em sua carteira. Desses, ela mapeou que em 30 a sua empresa é a primeira opção do cliente. É provável que essa história não iria se repetir exatamente dessa forma em todos os clientes de sua carteira. Porém, ao menos nesses que ela mapeou ser a principal opção do comprador, o acompanhamento dos preços dos concorrentes e a busca de novas oportunidades de venda devem ser mais intensas. Pois, afinal, eles estão receptivos a isso.

CRIE *CLUSTERS* POR COMPORTAMENTO DE COMPRA

Traduzindo literalmente do inglês, *cluster* significa grupo. Em vendas recorrentes, esse termo é usado para definição dos territórios de vendas. Nesse caso, *cluster* e território significam a mesma coisa.

Agora, para fazer uma efetiva gestão de relacionamento com seus clientes é preciso mais do que simplesmente criar grupos pela proximidade física. É preciso entender seus clientes e agrupá-los também por comportamento de compra.

Mapeando os diferentes comportamentos de compra, ficará mais fácil definir o formato de relacionamento para cada cliente.

Esse mapeamento de comportamentos de compra é formado por observações que geralmente já são feitas, porém empiricamente, quando você pensa: aqueles clientes só compram oportunidades; para aqueles outros, em que eu sou a primeira opção; tem ainda aqueles que não recebem visita presencial; etc. São as suas percepções sobre como cada empresa faz negócios.

A antiga cartilha de vendas orientava a separar os clientes apenas em região de atuação e porte. Assim, geralmente direcionavam-se clientes menores para um atendimento por telefone, clientes médios para atendimento via representantes e clientes maiores para serem atendidos por gestores de contas-chave (KAM - *Key Account Manager*).

Hoje, essa visão é simples demais para retratar a necessidade de análise dos clientes, já que eles esperam muito mais sobre a forma de atendimento. A maior parte das empresas quer ter uma experiência de compra integrada, por meio de múltiplos canais de relacionamento. Um conceito chamado de *omnichannel* e que vem sendo cada vez mais usado no varejo e também na venda B2B.

Não importa se é você quem define o modelo de negócios em sua empresa e faz investimentos de nível estratégico, ou realiza a gestão de equipes ou, então, faz diretamente as vendas, mas é fundamental que entenda essas mudanças de comportamento. Afinal, se ainda não apareceu um concorrente seu que se ajustou a esse novo modelo, posso garantir que está perto o momento de alguma outra empresa oferecer essa experiência ao seu cliente.

Conheci muitos vendedores excelentes que não entenderam essas mudanças, quando suas empresas começaram a rever os modelos de atendimento. Assim, canalizaram mais energia em questionar o modelo, colocando-se como oposição, do que ajudando a empresa a aperfeiçoar o formato de atendimento que estava sendo implementado.

Considero muito importante trazer essa reflexão, pois, a não ser que você seja o dono da empresa e tome todas as decisões estratégias, é normal que nesse momento de evolução no formato de atendimento dos clientes existam alguns pontos que estarão ao seu alcance para decidir e implementar, e outros não.

Nesse sentido, meu objetivo é apresentar-lhe um conteúdo prático que o ajude tanto a implantar mudanças que estão ao seu alcance, quanto aceitar e ajudar a lapidar os processos que já estão mudando em sua empresa.

Alguns bancos já entenderam essas novas necessidades e começaram a direcionar o atendimento de acordo com o "perfil de compra" de cada cliente, e não apenas por sua renda. Além de diferenciar o atendimento dos clientes *Premium* (por renda), passaram a separá-los também de acordo com seu perfil. Agora, além das agências tradicionais dedicadas para esse perfil de clientes, também criaram uma espécie de agência digital, para clientes que preferem um atendimento mais ágil, em diferentes horários e não fazem questão do presencial.

Não pense que atendimento digital é o mesmo que aquele antigo perfil de *call center*, em que o cliente perdia o dia inteiro para conseguir resolver algo simples. Chegava a decorar as músicas de espera e falava com dezenas de pessoas antes de ter o seu problema resolvido. E pior ainda, a cada pessoa precisava explicar tudo de novo sobre o que queria.

Não foram apenas alguns bancos que entenderam e aplicaram esse novo modelo. Já são muitas as empresas que têm células inteligentes de vendas e de relacionamento, mesmo a distância, por meio de *chat*, *e-mail*, videochamadas, ou até mesmo pelo telefone. Algumas dessas empresas já conseguem dar respostas rápidas e atendimento diferenciado adequado a cada perfil de cliente.

Quando esse conhecimento é apenas empírico e você não enxerga *clusters* de clientes, de acordo com o comportamento de compra de cada um deles, o relacionamento continua genérico e a produtividade consecutivamente é mais baixa.

A proposta dessa etapa do método sugerido é fazer a gestão do relacionamento com os clientes da carteira, e não simplesmente atendê-los com sequência e frequência. Não usei o termo CRM[6] para você não confundir com o *software* que usa a mesma sigla, ou então com a visão mais ampla desse conceito que envolve outras áreas da empresa. Aqui estou falando apenas da gestão do relacionamento aos olhos da equipe de vendas.

---

6. CRM – *Customer Relationship Management*: é um termo que foi criado para definir toda uma classe de sistemas de informações ou ferramentas que automatizam as funções de contato com o cliente.

Venda Recorrente

Para fazer gestão é preciso mensurar e para medir é preciso ter critérios objetivos. Se não for dessa forma, você pode falar apenas que se esforça para aumentar o relacionamento com seus clientes, mas não pode dizer que faz a gestão do relacionamento com eles.

Veja alguns exemplos de comportamentos de compra e as ações correspondentes, previamente mapeadas, que irão ajudar na velocidade de respostas e na melhor adequação do atendimento a cada perfil de cliente:

Comportamento de compra	Ações a tomar (exemplos)
Só compra oportunidade.	Comunicar com prioridade quando houver promoções. Fazer apenas um contato presencial por mês e um contato semanal por telefone.
Somos a 1ª opção do cliente.	Coletar informações e condições comerciais da concorrência para alimentar inteligência de mercado.
Só atende presencialmente.	Organizar rota de forma a passar pelo menos quinzenalmente no cliente.
Prefere contatos telefônicos ou mensagens.	Fazer visitas trimestrais, com agendamento prévio com o cliente. Manter contatos semanais por telefone ou WhatsApp.
Abertura para negociar o *mix* completo.	Apresentar propostas para atendimento do *mix* completo, conseguindo assim melhores condições comerciais para o cliente e maior penetração de *mix*.
Receptivo para ações promocionais.	Priorizar cliente para ofertar treinamentos, feiras, tabloides, etc.

Valoriza maior prazo médio de pagamento.	Fazer análise de crédito apurada e procurar diferenciar da concorrência com prazo médio de pagamento.
Prefere compra à vista (com desconto).	Analisar condições diferenciadas para venda à vista.
Preferência por produtos fora de linha, com maior desconto.	Ofertar prioritariamente produtos fora de linha com condição diferenciada.
Eventualmente tem problemas de ruptura por falta de produto.	Intensificar o acompanhamento ao estoque do cliente e sugerir pedidos adequados à sua realidade.
Eventualmente solicita trocas e devoluções por comprar em excesso.	Dedicar mais atenção à gestão do estoque do cliente. Acompanhar com maior frequência o *sell out* dos produtos e revisar as quantidades solicitadas pelo cliente a cada pedido, confrontando com seu estoque atual.

Observe que, ao mapear os possíveis comportamentos de compra de seus clientes e ao planejar previamente as ações que deverão ser realizadas, ficará mais fácil você dar um atendimento diferenciado para cada perfil de cliente e assim implantar uma eficaz gestão do relacionamento.

É normal que uma mesma empresa se enquadre em mais de um comportamento de compra que você mapeou e, assim, ela deverá receber as ações pertinentes a cada comportamento.

Agora é a sua vez. Liste a seguir os principais comportamentos de compra que devem ser observados em seus clientes e quais ações você acha pertinente ter com cada grupo:

Venda Recorrente

Comportamento de compra	Exemplo de clientes	Quais ações tomar

DEFINA NÍVEIS OBJETIVOS DE RELACIONAMENTO

Alguma vez você já comprou uma passagem aérea promocional e, ao embarcar, exigiu ser transferido para a primeira classe? Se já aconteceu isso, acredito que a companhia aérea tenha convencido você a continuar no acento referente à passagem que comprou. As companhias sempre fazem isso, exceto quando o convite para mudar de lugar seja do interesse dela, como balanceamento de peso da aeronave, ou qualquer outro motivo.

Nesses casos, não vale a pena questionar, pois foi contratado um nível de serviço específico. Para usufruir de uma poltrona melhor, isenção de taxa de mudança de voo, maior pontuação no cartão fidelidade, entre várias outras coisas, você tem a opção de contratar outro nível de serviço.

Pensar em uma companhia aérea é uma forma simples de entender a importância de manter as "regras do relacionamento" claras para seus clientes. Isso é chamado de SLA (*Service Level Agreement*) que, em português, significa acordo do nível de serviço.

Esse termo é mais conhecido em empresas de serviço, mas também cabe perfeitamente às empresas que atuam com a venda de produtos. Até porque a tendência é que cada vez mais elas sejam diferenciadas pelos serviços prestados aos seus clientes.

Esse conceito é eficaz para reger relacionamentos profissionais, sejam eles entre fornecedores e clientes externos, ou internos. Ou seja, manter um acordo claro e bem especificado sobre os níveis de serviço também com áreas internas da empresa é muito eficaz para um melhor relacionamento e uma maior produtividade.

Venda Recorrente

Por exemplo, existe um acordo predefinido entre a área de vendas e a área de crédito que o tempo máximo para resposta de uma análise de crédito e cadastro de novo cliente é de X dias. Por outro lado, esse tempo passa a contar apenas quando a área comercial já estiver com toda a documentação necessária e descrita no *checklist* de documentos para cadastro de novos clientes. Nesse exemplo, veja que ficou registrada a responsabilidade tanto da área de vendas quanto da área de crédito. Ter esse acordo formalizado otimiza o relacionamento e minimiza desgastes entre as partes.

Se o comportamento de compra tem a ver com a forma como o cliente age em relação à sua empresa e aos seus concorrentes, a definição de níveis objetivos de relacionamento está relacionada à forma como você agirá com seus clientes, em diferentes níveis.

Alguns tópicos que podem compor a sua política de relacionamento:

- Frequência de visitas e atuação do vendedor na empresa cliente;
- Disponibilização de promotores de vendas e atribuições descritas;
- Tempo de resposta em orçamentos;
- Campanhas de vendas e políticas de descontos.

**Lembre-se de que:
o combinado não sai caro.**

PRESTE UM ATENDIMENTO CONSULTIVO

Imagino que você já esteja cansado de ouvir que o vendedor deve ter uma postura consultiva. Eu mesmo já perdi a conta de quantas vezes ouvi isso.

Seu chefe pode dizer que você não é um vendedor consultivo, e você pode discordar da opinião dele. Por que, afinal, o que realmente é ser consultivo?

De 0 a 10, qual nota você daria para a sua atuação nesse quesito? Difícil dar uma nota, não é mesmo? Até porque, em quais parâmetros ela deve ser considerada?

Para quem atua com vendas recorrentes o desafio não é pequeno. É necessário abordar e vender para os mesmos clientes com uma grande frequência, seja ela mensal, quinzenal, ou qualquer outra. De um lado você enfrenta a sua meta de vendas, que nunca é pequena. Do outro, você não pode vender a qualquer custo e prejudicar o seu relacionamento com os seus clientes, pois, afinal, no outro mês o desafio começa tudo de novo e você vai precisar deles novamente.

Às vezes parece uma equação impossível, mas não é!

Agregar valor ajudando o seu cliente a ter maior lucro, por meio de seus produtos, é a melhor estratégia. Agora, basta saber: em quais áreas você pode ajudar os seus clientes?

DEFINIÇÃO DO PEDIDO

Alguns clientes não tomam a melhor decisão quando fazem um pedido de compra. Você já deve ter percebido isso entre as empresas que atende. Tem aquele cliente que deixa para fazer o pedido em cima da hora e acaba ficando sem o produto (ruptura). Pode ser por falta de acompanhamento do seu próprio estoque, ou por não considerar o prazo logístico para receber o novo produto.

Também é muito comum aquele que pede muito mais do que precisa, e depois fica com a impressão que o produto "não girou". Se o produto for perecível, o desperdício será certo. Se for tecnologia, os produtos irão envelhecer, e o problema aumentará com o passar do tempo (*aging*). Nesse cenário, não é uma plataforma de *e-commerce* B2B que irá substituir os profissionais que agem consultivamente ajudando seus clientes a obter a melhor relação entre o momento de fazer o pedido, a quantidade e o *mix* de produtos.

ALTERNATIVAS DE CRÉDITO E PAGAMENTO

Um dos grandes empecilhos para vender mais é o problema de crédito de alguns clientes. Para minimizar esse problema, cada vez mais as empresas buscam novas alternativas, para vender mais e, ao mesmo tempo, não aumentar o risco de inadimplência. Assim, os vendedores que conhecem todas as alternativas oferecidas por sua empresa, e até mesmo são capazes de sugerir novas soluções, são diferenciados.

O vendedor consultivo precisa ter consciência e saber olhar dos dois lados, tanto do seu cliente quando da empresa em que trabalha. Considerar riscos e possíveis benefícios, conseguindo decidir da melhor forma, é uma competência valiosa.

Outro ponto que diferencia muitos profissionais é a gestão de carteira de clientes inadimplentes. Dessa forma, esses profissionais conseguem atuar nas duas frentes, tanto na prevenção, gerindo com maior proximidade os clientes "esquecidos" que frequentemente são bloqueados por atrasar um ou outro pagamento, quanto nas ações corretivas, ao incentivar que clientes devedores quitem suas pendências para que possam continuar comprando.

PRODUTO NO CLIENTE (INDÚSTRIA)

Quem vende para a indústria sabe bem como funciona. Alguns clientes conseguem obter melhores resultados com os seus produtos do que outros. Pode ser minimizando desperdícios, quando o produto é um insumo, ou ainda aumentando a sua vida útil, quando a venda é de alguma peça ou componente de produção. O cliente enxerga apenas a realidade da sua própria empresa. Você, por outro lado, atende a dezenas de outras empresas semelhantes a dele.

O que os seus melhores clientes estão fazendo de diferente? Algumas informações são confidenciais e não devem ser passadas, mas muitas delas são dicas aparentemente simples, e que podem trazer ganhos expressivos para seu cliente.

Essa atitude irá passar a mensagem de que você tem um interesse verdadeiro no sucesso de seu cliente. Entender profundamente o seu processo produtivo ajudará a indicar a melhor forma de utilização de seus produtos. Assim, não será apenas uma plataforma de *e-commerce* B2B que irá torná-lo dispensável.

PRODUTO NO CLIENTE (VAREJO)

Se você vende para o varejo, o leque de áreas para ajudar os seus clientes é enorme. Mesmo se a empresa em que você trabalha tiver uma equipe de *trade marketing*, não delegue toda ação consultiva para ela. Ao menos, saiba exatamente tudo o que está sendo feito e os resultados obtidos, para usar essas informações estrategicamente nos momentos de negociação e relacionamento com o seu cliente. As ações de *trade marketing* podem ser divididas em operacionais e estratégicas. Pode ser que a sua rotina não permita fazer ações operacionais, que demandam mais tempo, como reabastecer e organizar o ponto de vendas de um cliente especial.

Porém, certamente é possível desenvolver ações estratégicas que demandam pouco tempo, mas ajudam o seu cliente a ter resultados melhores, como por exemplo: precificar o produto de forma a obter a melhor relação entre quantidade vendida e margem, desenvolver tabloides e promoções, ministrar breves treinamentos ou desenvolver campanhas para os vendedores, inserir peças de *merchandising* de sua empresa nos PDVs do cliente, dentre muitas outras. Afinal, você só conseguirá vender novamente para essa empresa se o seu produto girar lá na ponta.

GESTÃO DO ESTOQUE DO CLIENTE

Não são todos, é verdade, mas é muito comum que um ou outro cliente tenha esse tipo de problema. Armazenar o estoque da forma errada ou não ter um controle preciso sobre a quantidade de produtos que tem. Essas dificuldades podem causar avarias e desperdícios dos produtos mal-armazenados; ou então uma ruptura por falta de controle. O estoque é a corrente sanguínea de uma empresa, e o vendedor que consegue acesso ao estoque do seu cliente pode dizer que tem um nível de relacionamento muito elevado.

Pode ser um acesso virtual, por meio do sistema, ou físico, visitando presencialmente a instalação do cliente. Assim, além de ajudar esses clientes a evitar problemas, esses profissionais também têm um conhecimento maior sobre as oportunidades e ameaças que estão ali presentes. Ao analisar toda a sua carteira, é muito importante sinalizar as empresas que merecem sua maior atenção nesse assunto.

Para dar um exemplo de como você pode ajudar o seu cliente com esse assunto, começando hoje mesmo, conheci uma ferramenta muito interessante criada pelo Sergio Wosch, gerente de vendas de uma empresa que tive oportunidade de atender. O Sergio a batizou de "Bola de Cristal", pois foi uma planilha em *Excel* muito inteligente que o ajudava a prever quando os seus clientes deveriam emitir o próximo pedido. Ele faz há muitos anos a gestão de clientes complexos, que têm um nível muito alto de exigência e trabalho consultivo. Assim, a sua planilha se tornou ferramenta estratégia em sua atuação comercial. Esse é um de vários exemplos que mostram que você pode ser inovador e consultivo no atendimento de seus clientes mesmo sem implementar *softwares* ou processos muito complexos.

> **!!! CUIDADO !!!**
>
> Alguns vendedores pensam assim: "Eu sou pago para vender! A equipe de *trade marketing* é que deve fazer as ações consultivas, a área financeira é que deve cobrar o cliente inadimplente e a área de logística deve agir quando houver problemas de abastecimento".
> Esse pensamento é muito perigoso, pois reduz a atividade do vendedor a algo meramente operacional e facilmente substituível.

NÍVEIS DO RELACIONAMENTO CONSULTIVO

Se as áreas das quais você pode ser consultivo com o seu cliente já estão claras, ainda resta um ponto muito importante a ser apresentado: em qual nível você é consultivo?

A menos que seja um profissional KAM — *Key Account Manager*, ou seja, responsável apenas por clientes estratégicos de sua empresa, é normal que você exerça níveis consultivos diferentes em cada cliente de sua carteira.

Para tornar essa análise menos subjetiva, criei uma simples escala com cinco diferentes e crescentes níveis consultivos que um vendedor pode ter com os seus clientes. São eles, do mais básico ao mais técnico:

1. Dá dicas ou sugestões para seu cliente, mas não observa ou monitora a sua adesão;

2. Observa a adesão do cliente em algumas dicas ou sugestões dadas eventualmente;

3. Tem autonomia dada por seu cliente para tomar algumas decisões em seu lugar (volume do pedido, escolha do *mix*, etc.);

4. Desenvolve ações presenciais e planejadas, visando os funcionários ou clientes do seu cliente;

5. Monitora os resultados das ações desenvolvidas, reporta e formaliza com seu cliente os ganhos obtidos.

Como apresentei no início deste livro, para uma completa implementação de um método de vendas é necessário o envolvimento de todos os níveis hierárquicos da empresa. Parte da responsabilidade é do nível estratégico, que define os canais de vendas da empresa e as políticas comerciais. Parte da responsabilidade é do nível tático, que seleciona, desenvolve e acompanha os times comercias para que estejam aderentes às estratégias da empresa, e parte da responsabilidade é dos vendedores, para que desempenhem seus papéis consultivamente quando estão em contato com seus respectivos clientes.

No teste que você irá fazer a seguir, o resultado terá influência desses três níveis de sua empresa. O teste é muito simples, porém irá demandar um pouco de concentração, pois você deverá pensar em cada um de seus clientes.

Liste toda a base de clientes que você tem ativa neste momento. Apenas o nome do cliente é o suficiente. Para cada um, atribua um dos cinco níveis de relacionamento, de acordo com o seu momento atual com cada um deles.

G3 - Gestão do Relacionamento

Cliente	Nível de relacionamento (1 a 5)

Agora, marque a quantidade de clientes que você tem em sua carteira em cada um dos cinco níveis de relacionamento apresentados.

Nível	Quantidade de clientes	% da sua carteira
1 – Dá dicas		
2 – Observa adesão		
3 – Possui autonomia		
4 – Desenvolve ações		
5 – Monitora resultados		
TOTAL de clientes		100%

Não é possível dizer se o seu resultado é bom ou ruim. Para isso, seria preciso conhecer o tamanho da sua carteira de clientes, suas atribuições como vendedor, indicadores de *performance*, etc. Porém, algo merece a sua atenção.

Podemos fazer uma analogia com a escala de risco de incêndio. Imagine que os clientes com os quais você tem menor nível de relacionamento consultivo são aqueles com maior risco de passarem a ser atendidos por outros canais de vendas.

Em um cenário que já chegou para muitas empresas, e certamente será a realidade em todas as empresas que conseguirem se adaptar às novas necessidades do mercado, o vendedor não terá outro papel a não ser a prestação de um atendimento consultivo.

Durante muito tempo foi falado que os vendedores precisavam ser mais consultivos, mas a verdade é que não havia outra opção ao vendedor. Por mais que o profissional não agisse dessa forma, ele era indispensável para tirar os pedidos. Hoje, porém, essa necessidade não existe mais. As alternativas de plataformas e aplicativos estão muito acessíveis para empresas de qualquer porte.

Acompanhe no gráfico a seguir como varia o risco do vendedor ser substituído por uma plataforma de *e-commerce* B2B, de acordo com o nível de relacionamento que apresenta.

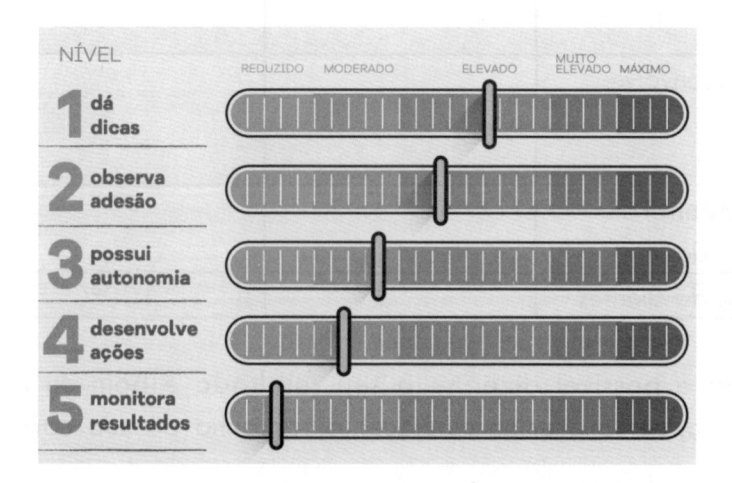

NÍVEL	REDUZIDO	MODERADO	ELEVADO	MUITO ELEVADO	MÁXIMO
1 dá dicas			●		
2 observa adesão			●		
3 possui autonomia		●			
4 desenvolve ações		●			
5 monitora resultados	●				

COMO SER MAIS CONSULTIVO

Como a minha intenção é dar dicas que possam ser colocadas hoje mesmo em sua carteira de clientes, vou me ater apenas à responsabilidade do vendedor nesse processo. Não vou dizer que você precisa contratar uma consultoria internacional, adquirir equipamentos e *softwares* caríssimos ou então redefinir a sua estratégia comercial.

Em três pilares, sendo eles postura, conhecimento e habilidade, você poderá hoje mesmo evoluir o relacionamento com seus clientes.

Imagine que se for possível passar um cliente de nível 3 para o nível 5, ou ainda, um cliente de nível 1 para o nível 3, certamente os ganhos já serão percebidos em sua meta de vendas. Vale a pena tentar!

Postura

- Olhe diariamente para sua carteira e se pergunte: com quais clientes você pode melhorar o seu nível de relacionamento hoje?

- Seja justo, olhando tanto os interesses do seu cliente quanto os da sua própria empresa;

- Trabalhe alinhado com os demais canais de vendas da sua empresa e com todas as demais áreas (*marketing*, crédito, financeiro, logística, etc.);

- Nunca, em hipótese alguma, traia a confiança que recebeu do seu cliente.

Tudo começa pela postura adotada com a empresa que você trabalha, com seus clientes e, principalmente, com relação a você mesmo.

Conhecimento

- Mantenha sempre atualizado um mapa com todas as oportunidades e ameaças em sua carteira de clientes;
- Seja um especialista no segmento do seu cliente;
- Conheça profundamente os seus produtos e dos seus concorrentes.

Algumas questões interessantes para você refletir:
- Qual é a linguagem utilizada, as principais preocupações e os interesses dos seus clientes?
- Quais leis, normas, regimentos existem em seu mercado?
- Quem são e como atuam seus concorrentes em cada diferente produto?
- Quais são os diferenciais da sua empresa, e como apresentá-los para seus clientes?

Habilidade

- Observe mais, ouça mais e personalize seu argumento para cada cliente e situação diferente;
- Exercite sua persuasão usando dados e argumentos;
- Desenvolva resiliência para atuar com os clientes mais difíceis;
- Tenha planejamento e otimize o seu tempo, de forma a conseguir ser consultivo com os clientes de maior potencial de sua carteira.

Todas as técnicas apresentadas no capítulo "Aborde o cliente com técnica de vendas e atitude" são essenciais para a ampliação do seu relacionamento consultivo.

RESUMINDO A GESTÃO DO RELACIONAMENTO

Objetivo: desenvolver níveis objetivos de relacionamento, proporcionando uma abordagem consultiva para os clientes alvo da carteira.

Exemplos de atividades-chave:
- Criar *clusters* por comportamento de compra;
- Gerir relacionamento com apoio da Ficha de Combate;
- Definir e manter níveis objetivos de relacionamento;
- Monitorar e reportar níveis de satisfação do cliente;
- Alimentar o planejamento da carteira com clientes e ações-alvo de relacionamento;
- Proporcionar um atendimento consultivo.

Exemplos de indicadores de meio:
Sempre analisar os indicadores das duas formas (todos os clientes/apenas prioritários)

- *Sell through*[7];
- Pedidos fora de prazo;
- Perdas e devoluções (por problemas de giro);
- Pagamento de *rebate* (por problema de giro);
- Rupturas (clientes desabastecidos);
- Treinamentos/ações realizadas pela equipe de vendas;
- Tabloides/promoções realizadas pela equipe de vendas.

---

7. *Sell through* é uma medida, geralmente mensal, que analisa as quantidades de produtos vendidos ao varejo em relação às quantidades de produtos vendidos ao cliente final. É uma informação fundamental para identificar problemas que ocasionem o engarrafamento de produtos nas gôndolas do varejo.

G4 - GESTÃO DO MIX

Certa vez, ouvi de um empresário: "Não preciso treinar meus vendedores, pois meu mercado funciona como uma Bolsa de Valores. Dependendo da demanda, eu ajo no mesmo momento alterando os preços. O controle das vendas está comigo, e não com os meus vendedores".

Fiquei surpreso e, por alguns segundos, sem saber o que falar. Eu nunca havia conhecido um mercado como aquele e muito menos havia ouvido algo parecido de um empresário.

Como eu já conhecia razoavelmente a sua empresa nessa ocasião e já havia falado com gestores de equipes e vendedores, argumentei com ele: "Sim, isso funciona muito bem para seu produto carro-chefe, mas e para os outros produtos?". Mencionei alguns outros produtos que sua empresa comercializa e que não se enquadravam nessa mesma dinâmica comercial que ela havia comentado.

Ele me olhou com um olhar de aprovação, e tive a impressão de que o meu comentário estava dentro da sua expectativa.

Depois ficou evidente que ele havia feito aquele comentário apenas para saber qual seria minha opinião, pois não tinha dúvidas da importância em capacitar as suas equipes comerciais.

Essa história aconteceu em 2008, em Portugal, enquanto eu trabalhava junto ao Pedro Ruivo. A empresa, Grupo Lusiaves, que na época participava como a 4ª colocada em *market share*[8] em Portugal, já despontava com crescimento muito acima da média. Avelino Gaspar, seu fundador e presidente, um grande empresário, depois de alguns anos veio a se tornar o número 1 daquele mercado.

---

8. *Market share*: grau de participação de uma empresa no mercado em termos das vendas de um determinado produto; fração do mercado controlada pela empresa.

G4 - Gestão do Mix

O projeto conduzido pelo Pedro, durante quatro anos, foi muito importante para o desenvolvimento comercial das equipes de vendas do grupo, e tive o privilégio de participar com ele desse projeto, durante o período em que estive em Portugal.

Se eu perguntar qual você acredita ser o maior nível de relacionamento possível de ter com um cliente, o que me dirá?

Como já afirmei anteriormente, a gestão do estoque do cliente é um dos maiores níveis de proximidade que o cliente estabelece com a empresa fornecedora, pois demonstra a confiança que o cliente deposita no vendedor ao concordar com as suas sugestões de quantidade a serem pedidas (*Sell In*). Mas um nível ainda mais avançado do que a Gestão do Estoque é a Gestão do Mix dentro do cliente, principalmente se tratando de clientes que atuam no varejo.

Por exemplo, imagine que você tem 100 produtos em seu *mix*, mas seu cliente em questão compre apenas cinco desses produtos. Você já atingiu um grande nível de relacionamento trabalhando promoções desses cinco produtos, sugerindo preço de venda, fazendo exposições diferenciadas e até mesmo gerindo o estoque para sugestão dos pedidos mais adequados. Assim, o cliente já percebeu que você é mais do que um vendedor, é um parceiro comercial, e que ambos, em parceria, identificaram como fazer a sua empresa ganhar dinheiro com esses cinco produtos do seu *mix*.

Porém, nesse exemplo, você sabe que além desses cinco produtos, seu cliente tem perfil para trabalhar com, pelo menos, mais oito produtos. Inicialmente em pequenas quantidades, mas se um trabalho de gestão desses produtos no cliente for bem feito, certamente as vendas desses novos produtos também serão representativas.

Para o cliente, esse é um novo passo de confiança que ele deve dar, ao inserir novos produtos, além daqueles que já vêm comprando com você. Além de confiar em sua intenção, de que você não está apenas interessado em fazer uma venda a qualquer custo para bater uma meta de vendas daquele produto, ele também deverá confiar em sua visão consultiva, sugerindo a ele que realmente existe potencial de venda atrativo e que identificou essa oportunidade.

Por outro lado, um grande conhecimento de todo seu *mix* de produtos, e amplo conhecimento dos segmentos de clientes que atende, lhe darão insumos para alimentar estratégias de prospecção de novos clientes de forma mais eficaz.

É exatamente por essa razão que a representação das 4 Gestões da Venda Recorrente é desta forma:

As 4 Gestões da Venda Recorrente ®

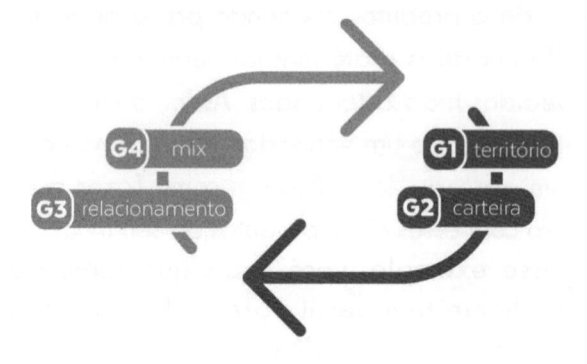

Ao mesmo tempo em que a Gestão do *Mix* é a última a ser conquistada com um cliente, como prova do mais alto nível de relacionamento, ela também deve ser a primeira gestão, alimentando as estratégias de prospecção e expansão da carteira.

ACOMPANHE DESEMPENHO POR PRODUTO/SOLUÇÃO

Como está o seu desempenho com relação à positivação do seu *mix* de produtos nos últimos três meses?

Ao conhecer diversas empresas, percebi que essa é uma das perguntas que sempre faço e para a qual menos obtenho respostas objetivas.

Com frequência, os gestores ou vendedores falam que podem levantar essa informação. Ou seja, até sabem o caminho para fazê-lo, mas por que, na maioria das vezes, não o fazem no dia a dia? Essa é uma informação que tem que estar sempre disponível, à mão do profissional de vendas e presente sempre em sua mente.

Lembra daquela história de que o perfeito é inimigo do feito? Pois é. Geralmente os profissionais de vendas argumentam que precisam de um estudo para saber quanto exatamente de seu *mix* de produtos pode ser inserido em sua atual carteira de clientes. Logicamente que essa análise é importante e, mais à frente, vou mostrar como fazê-la. Mas você não pode deixar de mensurar um indicador importantíssimo como esse, simplesmente porque ainda não conseguiu definir o "parâmetro ideal".

É importante perceber que se você fizer uma simples análise de quantos produtos, ou famílias de produtos, em média, são vendidos por clientes positivados, já terá uma diretriz na qual se basear. Vamos supor que em um primeiro mês você identificou que vende em média 5,6 famílias de produtos para cada cliente positivado. Se em um determinado mês você encontrou o número "5,6", na próxima vez

Venda Recorrente

que medir será muito fácil saber se melhorou ou piorou seu indicador de positivação de *mix*.

Nesse caso, o resultado comparativo é diretamente proporcional à sua eficácia. Ou seja, quanto maior o crescimento desse número, mais eficaz você estará sendo.

Portanto, mesmo enquanto você faz uma análise mais aprofundada do potencial de venda de *mix* em sua atual carteira de clientes, não deixe de acompanhar esse indicador simplesmente por não ter definido qual é o "parâmetro ideal" a atingir.

Vamos ver um exemplo:

Indicador	Jan.	Fev.	Mar.	Abr.	Mai.	Jun.	Jul.	Ago.	Set.
Média de produtos vendidos por cliente.	11,8	12,5	12,6	12,9	13,1	13,3	13,5	13,5	13,6

Cada resultado desses, como o valor de 11,8 produtos vendidos por cliente no mês de janeiro, é a média simples da quantidade de produtos vendidos para cada cliente. Algo muito simples de calcular, conforme exemplo a seguir:

Clientes	Produtos vendidos
Cliente A	16
Cliente B	8
Cliente C	9
Cliente D	12
Cliente E	14
Média de produtos vendidos por cliente.	11,8

G4 - Gestão do Mix

Agora vamos lá, respondendo à primeira pergunta: como está o seu desempenho com relação à positivação do seu *mix* de produtos nos últimos três meses? Preencha a tabela a seguir:

	Dois meses atrás	Mês anterior	Mês atual
Média de produtos vendidos por cliente.			

Se você é uma pessoa mais analítica e quer ir além da média simples, excelente, porque ter mais informação sobre o seu desempenho sempre será de grande utilidade. Mas em hipótese alguma deixe de acompanhar esses indicadores mais simples.

Conheci muitos profissionais que fracassaram em vendas recorrentes justamente por serem excessivamente analíticos. Perdiam mais tempo em busca dos indicadores e métricas "perfeitos" do que atuando nas causas dos resultados apontados pelos indicadores que já tinham, pois os achavam simples demais.

Tenha isto sempre em mente!
Você deve sim buscar evoluir seu nível de indicadores e relatórios, mas lembre-se de que é fundamental:

1) Nunca deixar de acompanhar os indicadores que já tem, por mais que eles não sejam "perfeitos";
2) Investir muito mais tempo na resolução das causas dos indicadores do que em criar novos indicadores ou relatórios.

Venda Recorrente

Como uma evolução de métricas e diretrizes para Gestão de *Mix*, segue um exemplo que apliquei ao implementar o método de vendas recorrentes em uma empresa que atua no segmento de serviços em aço. Nessa empresa, desenvolvemos o que chamamos de Matriz de Demanda Espontânea.

Como a empresa atuava em vários segmentos de clientes, atendendo desde o varejo até projetos de engenharia dos mais diferentes tipos, fizemos um grande estudo dos resultados históricos e, juntamente com o conhecimento de mercado dos líderes da empresa, criamos uma matriz: segmento de cliente x família de produto, classificando a demanda nessa matriz em três níveis:

- Demanda espontânea;
- Demanda possível;
- Sem demanda.

	Família de produto 1	Família de produto 2	Família de produto 3	Família de produto 4	Família de produto 5
Segmento de cliente 1	Demanda possível.	Demanda espontânea.	Sem demanda.	Demanda possível.	Demanda espontânea.
Segmento de cliente 2	Demanda espontânea.	Sem demanda.	Demanda espontânea.	Demanda espontânea.	Demanda espontânea.
Segmento de cliente 3	Demanda espontânea.	Demanda possível.	Demanda possível.	Demanda espontânea.	Sem demanda.
Segmento de cliente 4	Demanda possível.	Demanda possível.	Demanda espontânea.	Sem demanda.	Sem demanda.
Segmento de cliente 5	Sem demanda.	Demanda possível.	Sem demanda.	Sem demanda.	Sem demanda.
Segmento de cliente 6	Sem demanda.	Sem demanda.	Sem demanda.	Demanda espontânea.	Demanda possível.
Segmento de cliente 7	Demanda espontânea.	Demanda espontânea.	Sem demanda.	Sem demanda.	Demanda possível.

Dessa forma foi possível direcionar com maior objetividade as estratégias de Gestão do *Mix*. Para cada segmento de cliente ficou definido quais são os produtos que já têm uma demanda espontânea. Para esses casos, o vendedor não precisa de grande esforço, pois, tratando-se de clientes ativos, estes são os produtos demandados sem precisar de qualquer argumentação.

Para os casos em que foi atribuído "sem demanda", não era preciso oferecer ou imaginar que os clientes dos referidos segmentos iriam comprar, pois realmente não existe essa demanda para esse tipo de cliente.

Agora, todo o foco para uma boa estratégia de Gestão de *Mix* se encontra em cada uma das caixinhas onde se consta escrito "demanda possível", pois para esses casos significa que o cliente não irá solicitar espontaneamente os referidos produtos e serviços, mas caso o vendedor apresente a sua proposta de valor, existirá sim uma possível venda.

Volte-se agora para o seu próprio caso e responda às seguintes perguntas:

- Ao olhar para o seu *mix* de produtos, você consegue pensar em diferentes perfis de clientes, de acordo com cada tipo de produto?
- Para cada perfil de cliente, quais são os seus produtos com maior aderência, menor aderência e sem nenhuma aderência?

Em empresas maiores, é normal que existam equipes de *marketing* e gestão de produtos para auxiliar os vendedores a traçarem estratégias de prospecção e vendas com base no *mix* de produtos.

Portanto, é fundamental que essas equipes colham os *feedbacks* das equipes de vendas, que estão diariamente no campo com os clientes, e então ajam como facilitadores para consolidar as estratégias e as disseminar para todos os profissionais de vendas.

Quando as equipes de *marketing* e gestão de produtos não estão próximas do campo, tendem a gerar estratégias, ferramentas e conteúdos genéricos que pouco auxiliam os vendedores no seu dia a dia.

IDENTIFIQUE A SUA PARTICIPAÇÃO NO CLIENTE

Três informações são imprescindíveis para conseguir obter todo potencial de vendas em cada cliente:

- **Qual o potencial total de compra do cliente com base nos produtos e serviços que você pode vender para ele?** Esse é um detalhamento do que você já previu ao definir que esse cliente é um PCA – Perfil de Cliente-Alvo, conforme apresentado na Gestão do Território. Em um primeiro momento, você apenas identificou que ele tem um potencial de compra maior do que o mínimo que você estipulou para considerá-lo um cliente de sua carteira. Agora, irá colocar com a maior precisão possível o quanto esse cliente de fato pode vir a comprar.

- **Quanto atualmente você fornece para esse cliente?** Como essa informação é dinâmica, planeje a automação sistêmica, ou a atualização constante. Se conseguir inserir em sua Ficha de Combate pelo menos o histórico dos últimos seis meses, você terá uma visão muito mais detalhada do seu desempenho no cliente.

- **Com base nas duas informações anteriores, qual é o seu percentual de participação no cliente?** Cuidado ao analisar essa informação, caso esse cliente não faça compras regulares a cada mês. Se esse for o caso, procure estabelecer uma média de compras por mês para identificar a sua participação de forma mais precisa.

Essas três informações são como uma foto que representa como atualmente você está posicionado no cliente. É o ponto de partida para identificar oportunidades de crescimento das vendas para o cliente.

	Mês 1	Mês 2	Mês 3	Mês 4	Mês 5	Mês 6
Minhas vendas totais para o cliente X	120.206	123.890	119.340	112.050	145.578	141.231

Potencial total do cliente X				250.000		
(%) Minha participação atual no cliente X				53%		

Observe que, nesse caso, para estimar a minha participação dentro do cliente, optei por utilizar a minha média de vendas nos últimos três meses para este cliente (Mês 4; Mês 5; Mês 6). Você pode também usar o último mês como referência ou a média dos últimos dois, três ou seis meses – essas são apenas algumas das possibilidades. A melhor alternativa vai depender muito do mercado em que você atua e do comportamento de compra de seus clientes. Defina uma regra que você entenda que represente com maior precisão a sua participação no cliente. Não busque a perfeição, mas sim a objetividade da informação que você tem à mão. E utilize sempre a mesma regra para todos os clientes.

SAIBA COMO IDENTIFICAR O POTENCIAL DE COMPRA DO CLIENTE

Cada cliente é diferente. Então, como identificar o seu potencial de compra?

Um comprador pode responder abertamente caso você pergunte a ele qual é o seu volume de compra de um determinado tipo de produto. Outro pode se recusar a responder. O fato é que dificilmente você conseguirá todas as informações que deseja e menor ainda é a probabilidade de conseguir essas informações com grande precisão. Mas uma coisa eu garanto: vendedores com mais técnica conseguem extrair muito mais informações de seus clientes do que vendedores que não as têm. Esses vendedores, por consequência, conseguem ser mais consultivos e agregam mais valor para suas respectivas empresas e clientes.

Para explicar a técnica que observei nos grandes campeões de vendas, antes preciso falar um pouco com você sobre engenharia reversa. Se você fizer uma pesquisa rápida na *Internet*, encontrará algo como:

> Engenharia reversa é o processo de descobrir os princípios tecnológicos e o funcionamento de um dispositivo, objeto ou sistema, através da análise de sua estrutura, função e operação. Objetivamente a engenharia reversa consiste em, por exemplo, desmontar uma máquina para descobrir como ela funciona.
> (WIKIPÉDIA, 2018).

Trazendo esse conceito para vendas, podemos conseguir uma informação de nosso cliente ou concorrente, que a princípio não está disponível, por meio de um organizado processo de sondagem — dessa forma, é possível ao menos ter uma noção bem consistente sobre o que desejamos.

Então, tenha paciência, use técnicas de comunicação, anote tudo o que for relevante para traçar o perfil do seu cliente. A cada visita ao cliente você conhecerá um pouco mais sobre ele, até que em determinado momento terá informação suficiente para estimar o seu potencial de compra. Talvez não dê para fazer isso em 100% das empresas que você atende, mas pelo menos na maior parte dos casos irá conseguir.

Acompanhe a seguir algumas técnicas que você pode utilizar para ampliar o seu conhecimento sobre o potencial de compras de seus clientes:

SELL IN X SELL OUT

Alguns clientes não falam quanto eles compram (*sell in*), mas falam o quanto eles vendem (*sell out*). Nesse caso, utilize uma margem média para fazer a conta. Por exemplo, seu cliente falou que vende R$ 40.000,00 por mês na categoria de produtos que você está interessado em saber. Suponhamos que o *mark-up* médio desse produto seja 35%. Assim, você poderá aplicar uma fórmula simples para identificar a quantidade aproximada que o cliente compra.

Quantidade Comprada = Quantidade Vendida/(1+ mark-up)

Ou seja:

Quantidade Comprada = 40.000/1,35
Quantidade Comprada = 29.629,63

Faça a prova real em sua conta, aplicando 35% sobre os R$ 29.629,63 e você chegará aos R$ 40.000,00.

As informações que você precisa podem ser obtidas, na maioria das vezes, com perguntas simples e diretas, como:

- *"Claudio, quanto em média vocês vendem desta categoria de produto aqui em sua loja?"*
- *"Senhor Pedro, quanto o senhor vende aproximadamente dessa linha de produtos?"*

POTENCIAL TOTAL X PARCIAL

Alguns clientes não vão lhe falar seu potencial de compra total, mas passarão essa informação parcialmente, se você for paciente em perguntar e disciplinado em registrar, durante várias visitas.

Vamos supor que você venda para minimercados toda a linha de higiene e limpeza. Nesse exemplo, o cliente não lhe disse a quantidade total que ele compra da linha completa de higiene e limpeza, mas ao perguntar quanto ele compra apenas de creme dental, ele lhe informou que compra R$ 3.500,00. Em uma outra visita, você pode ampliar o seu questionamento para outros produtos que compõem a linha de higiene e limpeza.

Novamente aqui, na maioria das vezes, as perguntas são simples e diretas, como:

- *"Paulo, vejo que você vende muito bem creme dental aqui em seu mercado. Quanto em média você vende por mês desse produto?"*
- *(em outra visita) "Paulo, como são as suas vendas de sabonete líquido aqui em sua loja, quanto em média o senhor vende por mês?"*

NÚMERO ABSOLUTO X PARTICIPAÇÃO

Em alguns casos, o cliente não irá lhe falar um número – nem quanto ele vende, nem quanto compra de determinado tipo de produto. Como alternativa, você pode perguntar qual é a representatividade do produto para seu resultado. Por exemplo, o cliente pode responder que creme dental corresponde a 15% do seu resultado de higiene e limpeza, ou então responde com referência ao seu faturamento geral e diz que representa 2%.

A informação sobre o faturamento presumido do cliente você pode conseguir em uma nova visita, com o próprio cliente, ou até mesmo com a sua área de crédito. Talvez eles já tenham essa informação, por conta da documentação necessária para a liberação de crédito.

Outra alternativa é você sugerir para sua área financeira ou de crédito adquirir uma base de dados com o faturamento presumido de seus clientes. O Serasa Experian, por exemplo, comercializa essa informação com um nível de precisão bem interessante. Recentemente utilizei esse serviço e achei bastante útil. De uma base com mais de 1000 CNPJs que enviei, me retornaram faltando apenas três. Dos 997 CNPJs que me enviaram com a resposta de previsão, apenas alguns casos chamaram minha atenção por estarem muito distante da realidade, mas no geral essa é uma ferramenta que ajuda.

Seu os seus clientes forem de um porte maior, é possível que saiam em *rankings* do seu segmento. Em muitos desses *rankings* é divulgado o faturamento presumido das empresas. Ou seja, você tem muitas alternativas para buscar saber o potencial de seu cliente.

Mais uma vez, as informações de base que você precisa podem ser obtidas, muitas vezes, com perguntas simples e diretas como:

"Senhor Rogério, creme dental corresponde em média a 15% das vendas de higiene e limpeza em meus clientes. Aqui em seu mercado me parece que o senhor consegue vender melhor esse produto. Quanto em média está vendendo de creme dental por mês? Quantos por cento representa aqui em sua loja?"

Talvez você tenha achado tudo isso muito complicado, muito trabalhoso. Espero que não, porque o seu sucesso em vendas depende da sua dedicação a atividades como essas. Essa habilidade de ampliar o conhecimento sobre o cliente gradativamente, para que então consiga adequar as estratégias mais aderentes ao seu perfil, é uma das habilidades que vão garantir a empregabilidade do profissional de vendas recorrentes no futuro. É algo que uma máquina ou sistema não fará, ou pelo menos irá demorar muito mais tempo para conseguir fazer com a mesma competência de um bom vendedor.

Em alguns mercados, ou de acordo com a estratégia de algumas empresas, cada vendedor tem um número reduzido de clientes em carteira. Nesse caso, a Ficha de Combate pode ser uma ferramenta com informações mais aprofundadas sobre os clientes e se pode buscar o preenchimento e a manutenção das informações atualizadas para 100% dos clientes.

Outras empresas podem ter uma realidade diferente, com número maior de clientes por vendedor. Mesmo nesse segundo caso, é imprescindível que você tenha uma Ficha de Combate adequada para as Gestões de Relacionamento e de *Mix*. Se não for possível fazer para 100% dos clientes ativos que se enquadrem no PCA, então será muito importante que você estipule uma meta. Por exemplo, em sua atual realidade de vendas você consegue manter a Ficha de Combate de apenas

Venda Recorrente

30% dos clientes com PCA de sua carteira. Nesse caso, defina quem são esses 30% de clientes e mãos à obra. Faça o seu melhor para esses clientes, com informações precisas e atualizadas a cada contato.

Perigoso é pensar que essa análise e Gestão de Informações dos clientes não cabem em sua rotina e que a Ficha de Combate é apenas uma ferramenta teórica. Se você pensar assim, lamento dizer que dentro de pouco tempo um *software* (que já existe) poderá substituir as suas atribuições.

Um jogador profissional de xadrez não faz nenhum movimento sem ter em mente as próximas jogadas. Assim como nenhuma jogada é aleatória para um bom jogador de xadrez, nenhuma visita ou nenhum contato com o cliente deve ser feito por um bom vendedor sem que tenha um objetivo futuro em mente.

EXPLORE AS OPORTUNIDADES DE MIX

A análise de potencial de compra do cliente é apenas o ponto de partida. Após fazer uma leitura sobre seu percentual de participação e quanto representa, em reais, a oportunidade de crescimento, é hora de identificar e detalhar quais são os produtos com oportunidade de crescimento de vendas no cliente.

Como ponto de partida, use sua Ficha de Combate relativa ao cliente em questão e procure identificar as oportunidades existentes. As oportunidades identificadas poderão ser para:

- Inserir um novo produto com o qual o cliente hoje não trabalha;
- Substituir parte do volume de compras que o cliente atualmente tem com seu concorrente;
- Substituir completamente o produto do concorrente;
- Passar a vender para o cliente o mesmo produto que ele já compra com seu concorrente (caso você não atue com uma marca própria da sua empresa).

Em cada implementação do método de vendas recorrentes, a Ficha de Combate teve uma abordagem com foco diferente. Por exemplo, em uma empresa que atua no ramo de ração animal, o principal enfoque da Ficha de Combate foi na qualificação das oportunidades de vendas. Como se tratava de uma indústria, para aquela empresa o conhecimento sobre as oportunidades de vendas em cada cliente era um grande diferencial para direcionar sua produção.

Venda Recorrente

Assim, cada vendedor mensalmente tinha uma meta de qualificação, tanto em quantidade de clientes, quanto em quantidade de quilos de ração.

Já em outra empresa, que não produz os seus próprios produtos e atua de forma especializada na distribuição de grandes fabricantes, o maior objetivo da Ficha de Combate era mapear as condições comerciais dos concorrentes para definir estratégias logísticas e de atendimento para uma maior competitividade.

Reforçando um conceito que já comentei: toda a Ficha de Combate é muito específica para cada empresa e deve, portanto, ser customizada para cada realidade.

Para colocar em prática esses conceitos e ampliar a venda do seu *mix* de produtos em cada cliente, os mesmos talentos e as mesmas técnicas descritas na Gestão de Território serão fundamentais.

No capítulo "Abordar o cliente com técnicas e atitudes" você encontrará orientações precisas para ajudá-lo a conquistar a decisão de compra e, assim, efetuar a venda de novos produtos.

G4 - Gestão do Mix

RESUMINDO A GESTÃO DO MIX

Objetivo: identificar oportunidades e conduzir ações para aumentar o *Mix* de Produtos em cada cliente-alvo da carteira e território.

Exemplos de atividades-chave:
- Acompanhar desempenho por produto / solução;
- Identificar motivos para produtos de baixo desempenho em sua carteira e território;
- Mapear oportunidades de ampliação de *Mix* nos clientes atuais;
- Alimentar planejamento da Carteira com alvos para ampliação do *Mix*;
- Manter a base de clientes qualificada através da Ficha de Combate;
- Implementar ações de *Cross Selling* e *Up Selling*;
- Definir ações de prospecção orientadas pelo Mix.

Exemplos de indicadores de meio:
- Itens ou famílias de produto por cliente;
- Positivação de produtos em lançamento;
- Quantidade de clientes em que temos participação acima de 40%.

PARTE 4:

CONSIDERAÇÕES

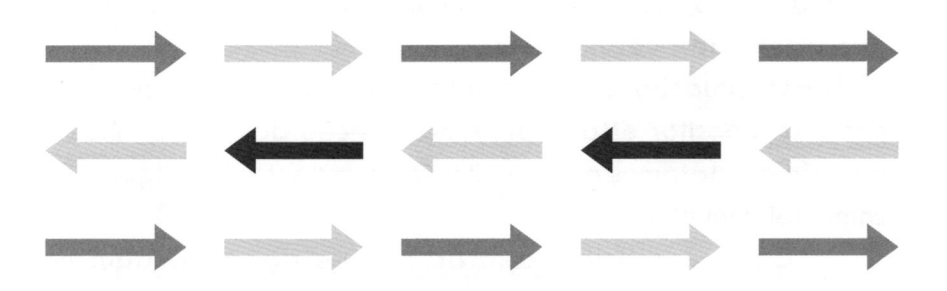

CONSIDERAÇÕES FINAIS

Tem um hipermercado a poucos metros da minha casa. Assim, adquiri o hábito de ir quase que diariamente e fazer as minhas compras fracionadas. Minha esposa odeia ir ao mercado, mas eu adoro mercado, *shopping*, concessionária, *showroom* de imóveis, lojas de materiais de construção, farmácia, *pet shop* e tudo o mais que tenha a ver com vendas.

Certa vez aconteceu algo engraçado e tive a oportunidade de explicar para a minha esposa que o que tínhamos acabado de vivenciar estava relacionado ao tema do livro que eu estava terminando de escrever. Parece que tudo o que eu tinha tentado explicar para ela em quase um ano em que trabalhei neste livro tinha feito muito mais sentido naqueles poucos minutos dentro do hipermercado.

Procuramos evitar tomar refrigerantes, mas quando algumas indústrias começaram a fazer garrafinhas de aproximadamente 200ml, inserimos o produto em nossa lista de compras.

Percebemos, porém, que raramente encontramos essa embalagem do refrigerante que gostamos no supermercado. Nas raras vezes em que encontramos, fazemos um estoque para não ficarmos sem.

Nessa situação que mencionei, que vivenciamos no mercado, o repositor estava próximo à seção das garrafinhas e quando constatamos que não havia novamente o refrigerante, comentei com ele.

— Como é difícil encontrar esse refrigerante aqui no mercado!

— Pois é, essa empresa está com problema de abastecimento desse produto nos últimos meses. Ele respondeu.

Ele ainda completou: — Engraçado que quando você vai aos mercadinhos de bairro, eles têm esse refrigerante, mas aqui para nós sempre falta.

Então, eu falei brincando com o repositor: — Mas também, nas condições de compra que vocês colocam, ninguém quer saber de vender para vocês.

Tive a impressão de que ele não entendeu e, a princípio, a minha esposa também não.

Depois expliquei para ela o que significa fornecer para uma rede gigantesca do varejo, como aquela em que estávamos, independentemente do segmento. E que o mesmo acontece também para quem vende para indústrias muito grandes. Essas empresas, por terem um enorme poder comercial, desenvolvem contratos leoninos com seus fornecedores, com exigências de serviço exorbitantes e margens de lucro praticamente zeradas. Definitivamente não é um grande negócio depender apenas das vendas para essas grandes empresas.

Expliquei para minha esposa o que provavelmente estava acontecendo, uma queda de braço entre a indústria de refrigerantes

CONSIDERAÇÕES

e a grande rede de supermercados. Contei para ela outros casos semelhantes que conhecia.

Para a indústria de refrigerantes, ter a sua produção distribuída em pequenos mercados de bairro é muito mais saudável para sua margem de vendas. Porém, para conseguir ter capilaridade na distribuição dessa forma é fundamental entender muito de Venda Recorrente, trazendo o que existe de mais moderno sobre múltiplos canais de vendas e atuação integrada entre eles.

Recentemente li uma matéria que falava sobre o impacto que a crescente onda de cervejarias artesanais, que surgiram nos últimos anos, teve nos resultados abaixo do esperado da gigante e orgulho brasileiro Ambev. Algo que no começo parecia ser inofensivo para uma empresa desse porte, demonstrou ser mais do que uma tendência passageira.

Na mesma direção, impulsionados pela maior preocupação das pessoas com a saúde, crescem em grande escala as empresas que atuam com produtos menos processados, ou naturais, produzidos em menor escala.

Uma competência que há pouco tempo apenas as grandes multinacionais possuíam, devido ao seu grande poder de investimento, hoje pode ser realidade para empresas muito menores. A tecnologia está muito mais acessível, os processos estão ao alcance de todos. Criar uma rede de distribuição eficaz já não demanda tanto investimento quanto antigamente.

Em alguns segmentos, tive a oportunidade de conhecer empresas com modelos de vendas sofisticados, mesmo sendo de pequeno ou médio porte. O motivo, você deve imaginar: a necessidade. Simplesmente porque alguém em seu mercado começou a atuar com maior profissionalismo e obrigou todos os outros *players* a evoluírem seus modelos, para que se mantivessem competitivos.

Venda Recorrente

Em vários segmentos conheci empresas pequenas que incomodavam muito empresas muito mais capitalizadas. O motivo: possuíam células de televendas inteligentes e equipes muito bem treinadas para atuar como *back office* do time comercial.

Com o tempo, essas mesmas empresas que têm uma forte cultura voltada a processos e gestão, irão implementar plataformas de *e-commerce* B2B, aplicativos *mobile*, enfim, irão redefinir a forma como vão ao mercado — o *go to market*, como é chamado em inglês.

Se a maior parte sobre o que leu neste livro pareceu muito distante da sua realidade e você atua em uma empresa que ainda se mantém competitiva, agradeça por ter concorrentes fáceis. Mas não conte com isso para o futuro.

Apenas as empresas e os profissionais que tiverem a competência de vender de forma recorrente, encantando e conquistando a decisão de compra de seus clientes inúmeras vezes, é que se perpetuarão por muito tempo neste novo mercado.

CONSIDERAÇÕES

MÃOS À OBRA

Durante cada parte deste livro eu procurei convencer você de uma coisa: de que você pode e deve colocar em prática em seu dia a dia, a partir de hoje mesmo, as ideias que aqui foram apresentadas. Não espere a implementação de um sistema, a contratação de uma empresa de consultoria, uma nova diretriz do seu presidente, ou qualquer outro fato que não dependa única e exclusivamente de você.

A velocidade com a qual as empresas estão mudando é impressionante e depender de terceiros para implementar melhorias em seu trabalho é uma atitude muito arriscada. Se hoje lhe falta alguma motivação para implementar coisas novas na empresa em que você trabalha, por não estar completamente feliz com ela, então faça o que tem que ser feito apenas por você.

Posso lhe garantir duas coisas:

A primeira delas é que, como você trabalha com vendas, provavelmente parte da sua remuneração é variável e influenciada pelo atingimento de suas metas. Sendo assim, você colherá os frutos financeiros de sua nova abordagem comercial no curto prazo. Essa é uma das maiores magias proporcionadas por essa área.

Talvez um profissional da logística, da fábrica ou do financeiro demore muito mais tempo para receber a recompensa financeira por suas novas atitudes do que você poderá receber. Em menos de 30 dias, você já pode começar a colher os frutos do seu empenho.

Pare agora por um momento e pense o quanto o seu salário pode crescer em um prazo de 30, 60 ou 90 dias. Seja realista, pense em um valor que é possível atingir. Agora pense no que você gostaria de fazer com esse dinheiro, pois ele poderia se transformar em algo que queira comprar ou investir para você ou para a sua família. Pode significar mais conforto ou segurança, eu não sei. Visualize por alguns segundos isso.

    O segundo ponto tem a ver com os seus próximos anos, profissionalmente falando. Imagine-se agora em uma entrevista de emprego, sendo questionado por um recrutador sobre como você atuou profissionalmente nas últimas empresas onde trabalhou. Não adiantará muita coisa você falar que leu alguns livros sobre gestão de vendas, pois essa pessoa irá querer saber o que de fato você fez, quais ações implementou, quais resultados você conquistou. Essa pessoa não vai se preocupar se você estava feliz ou não com o seu antigo trabalho. A única coisa que irá interessar a ela é o que você fez enquanto estava no seu último emprego.

    Talvez você ache que estou sendo apelativo, mas confesso que me sinto agoniado por não saber exatamente o que você fará com este conteúdo. Pode ser que você tenha percebido e valorizado a minha preocupação em escrever dicas com pequenos detalhes operacionais, que a prática me ensinou e que são de extrema importância. Ou pode ser que você simplesmente tenha achado tudo isso muito óbvio ou distante da sua realidade.

    Durante os últimos anos da minha vida, escrevi muitos materiais semelhantes a este, mas de forma personalizada para cada empresa. É verdade que eram ferramentas muito mais diretas, com menos histórias, até porque eu sabia exatamente a realidade comercial em questão e assim conseguia me aprofundar apenas nos tópicos que mais interessavam para cada situação. Eu já conhecia muito bem o público que receberia o material e sabia que, na maioria das vezes, eu iria olhar nos olhos, entregar em mãos e sair para fazer rota ajudando o vendedor e o gestor a colocar em prática as minhas orientações.

CONSIDERAÇÕES

Para você ter ideia, em algumas empresas cheguei a fazer várias visitas acompanhando vendedores de empresas e segmentos diferentes. Em uma das empresas cheguei a fazer quatro visitas com propósitos completamente diferentes. Acompanhei um vendedor de ração, em outra oportunidade foi um vendedor de produtos de informática, em outra de *software* e em outra ainda de hortifrúti.

Se lá no começo do livro, quando apresentei o público-alvo desta obra e expliquei o que são as vendas recorrentes B2B, você enxergou a sua empresa neste modelo, posso afirmar que este conteúdo é de extrema relevância e aplicabilidade a sua realidade.

Mesmo tendo vivenciado e possuindo diversos exemplos de vendas recorrentes de serviços complexos, optei em manter um foco mais restrito, justamente para facilitar a sua identificação com os exemplos apresentados. Alguns ajustes você certamente terá que fazer para a sua realidade e, por mais específico que eu tenha tentado ser, grande parte do trabalho está agora com você. Para ter uma ideia do que estou falando, saiba que em algumas empresas eu apliquei este método para diferentes canais de vendas e, mesmo sendo para a mesma empresa e vendendo o mesmo produto, as diretrizes comerciais foram muito específicas e diferenciadas para cada caso.

Um dos meus trabalhos foi com a Allied Brasil, umas das maiores distribuidoras de produtos de tecnologia do Brasil. Por fazer parte de um grande grupo americano, essa empresa está construindo um modelo inovador para o segmento em que atua. Contratou ótimos executivos, investiu nas melhores ferramentas e eu tive a oportunidade de auxiliá-los com a construção e implementação dos novos processos comerciais.

Mesmo atuando com o mesmo produto e sob a mesma diretoria comercial, tanto a Ficha de Combate quanto as diretrizes

Venda Recorrente

das equipes comerciais precisaram ser adaptadas para cada canal de vendas da empresa.

Adaptar será preciso, mas posso lhe garantir que o resultado é muito compensador!

Para ajudar você nesta missão, gravei alguns vídeos especialmente para ilustrar, demonstrar ou aprofundar um pouco mais os assuntos aqui apresentados.

Acesse o nosso curso gratuito escaneando o *QRcode* a seguir com o seu celular ou então pelo link abaixo.

materiais.vendarecorrente.com.br/curso-gratis

APÊNDICE

APÊNDICE

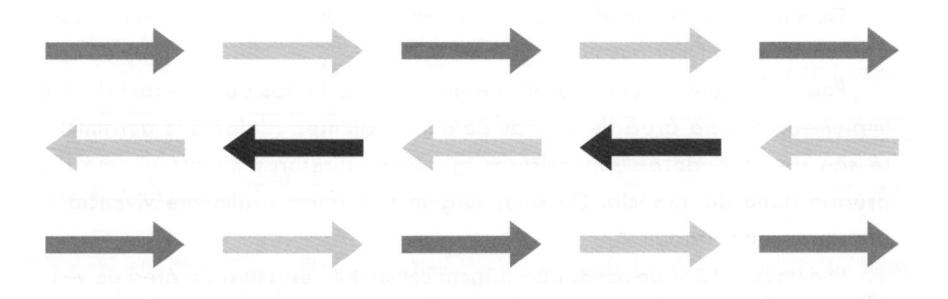

Durante o transcorrer da sua leitura deste livro, mencionei alguns artigos que escrevi e que complementam a ideia central desta obra. São eles:

1. Uma boa ideia não implementada
2. Qual o seu esquema tático de vendas?
3. Gerente de vendas, a empresa precisa dessa função?
4. As cinco regras de ouro para um bom *forecast* de vendas
5. Pesquisa mundial classifica sete perfis de *stakeholders* na venda.

Anexei aqui este material, para que você possa ampliar os seus recursos e conhecimentos e aplicar no seu dia a dia de vendas.

1. UMA BOA IDEIA NÃO IMPLEMENTADA

Quanto vale uma boa ideia não implementada? Acredito que você vai concordar comigo se eu falar que não vale nada.

Pois é, frequentemente observo algumas boas ideias que deixam de ser implementadas na área de vendas de nossos clientes. Ideias que geralmente são de vendedores, supervisores, gerentes, diretores ou até mesmo do próprio dono do negócio. Ou seja, surgem com quem realmente vivencia o problema enfrentado.

Podem ser ideias de novas abordagens comerciais, estrutura da área de vendas, implantação de nova ferramenta de trabalho, aperfeiçoamento de processos, políticas, métodos, entre muitas outras coisas.

Mas se as ideias realmente são boas, já estão dentro da empresa e muitas vezes concentradas em altos cargos, por que é que em alguns casos não são implementadas? Frequentemente me deparo com cinco principais motivos:

1. Histórico - alguma sugestão desta mesma pessoa, ou de uma ideia semelhante, pode já ter sido implementada sem sucesso no passado, colocando em dúvida se, neste caso, a ideia realmente é boa;

2. Conexão - a ideia apareceu solta, sem estar conectada com as demais estratégias da empresa. Assim, ficam dúvidas se a iniciativa agregaria ou entraria em conflito com aquilo que já está implementado;

3. Fundamentação - o "problema" pode ainda não ter sido percebido igualmente dentro da empresa. Nesse caso, faltam dados de fundamentação para justificar que a boa ideia deve ser priorizada nas ações de melhoria da área de vendas da empresa;

4. Planejamento - falta um planejamento que transmita a segurança necessária para que o decisor não hesite em dedicar tempo, dinheiro e energia para executar a mudança proposta. Será que a empresa terá capacidade de implementar a ideia?

5. Melindres - para a ideia ser implementada é necessário que mais de uma área da empresa esteja envolvida. Quando existem melindres, jogos de interesses ou visões limitadas, a ideia acaba não sendo implantada. Ou, em vários casos, implantada sem sucesso.

APÊNDICE

Sobretudo, ficam as dúvidas: será mesmo boa essa ideia? Como executar? Quanto irá custar, quanto esforço deverá ser dedicado, quanto tempo irá levar? E, principalmente, quanto resultado irá gerar?

http://vendarecorrente.com.br/2018/12/11/uma-boa-ideia-nao-implementada/

2. QUAL O SEU ESQUEMA TÁTICO DE VENDAS?

Vendas e futebol têm muito em comum. Você já parou para pensar? Tanto um quanto o outro estão em nossa vida diariamente e, por mais que nem todos percebam, existe muita estratégia envolvida.

"Faltou raça para esses jogadores"; "O time entrou de salto alto"; "Os jogadores estavam dormindo em campo". Quantas vezes você já fez ou ouviu esse tipo de comentário? Pois é, essa é a análise feita pela maioria dos torcedores após uma partida.

Mas o treinador do time, por outro lado, precisa fazer uma análise muito mais técnica. Para conseguir bons resultados, ele precisa ter claras as estratégias e táticas que espera ver em campo. Só assim conseguirá contratar e treinar jogadores, orientando-os sobre a função de cada um em campo para um bom desempenho coletivo.

AFINAL, QUAL É O PAPEL DE CADA JOGADOR DENTRO DO ELENCO?

O esquema tático do futebol facilita essa comunicação. Grosso modo, é como o treinador posiciona em campo os dez jogadores de linha, buscando a maior eficiência e equilíbrio entre defender e atacar.

Você já deve ter visto ou ouvido falar: (4-4-2); (4-5-1); (3-5-2); dentre muitos outros. São combinações de números que somados sempre darão 10, representando cada jogador de linha. O primeiro número representa os jogadores de defesa, em seguida os de meio de campo e, por fim, os de ataque. Embora a Federação Internacional de Futebol (FIFA) reconheça apenas seis sistemas táticos, existem centenas de variações possíveis.

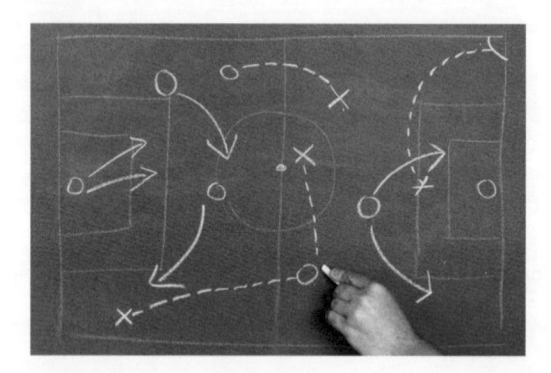

Para cada esquema adotado é definido o papel esperado de cada jogador. As habilidades do time precisam estar condizentes com a estratégia da equipe. Não preciso nem dizer a importância do treino para que tudo isso flua da maneira planejada...

Os esquemas táticos do futebol evoluíram e continuam evoluindo. É comum um técnico de futebol mudar o esquema tático de seu time durante um campeonato, ou até mesmo durante uma partida. Seja por perder um jogador estratégico, sofrer um gol ou até mesmo por não conseguir a disciplina tática da equipe no modelo planejado.

EM VENDAS VOCÊ ACHA QUE É DIFERENTE?

Com a atual crise política e financeira ficou mais difícil vender. Nos últimos meses, é impressionante a quantidade de empresas que estão mudando seu esquema tático de vendas em busca de melhores resultados. O *go to market*, ou a forma como se vai ao mercado, é assunto estratégico e ganha importância nas reuniões de diretoria. Mudanças estratégicas e táticas, de diferentes complexidades, são adotadas para tentar melhorar os resultados de vendas.

Cito alguns exemplos de situações que geralmente justificam uma mudança no esquema tático da equipe de vendas:

- A empresa definiu que precisa conquistar mercado e aumentar seu *market share* com maior eficiência;
- Um problema técnico, ou obsolescência do produto, aumentou a evasão de clientes (*churn*) e a empresa precisa melhorar sua eficácia na retenção desses clientes;

APÊNDICE

- Um novo produto foi lançado e precisa de maior atenção para ser inserido no mercado;
- A área de atuação não está sendo completamente atendida, por isso é preciso redimensionar a equipe e redefinir responsáveis por território;
- Clientes maiores, e mais estratégicos, estão demandando um atendimento diferenciado e maior nível de atenção;
- Dentre outras...

E VOCÊ, SE IDENTIFICOU COM ALGUMA DELAS?

É comum que uma empresa tenha mais de uma dessas necessidades mencionadas, simultaneamente. Para posicionar a equipe da melhor forma é preciso definir prioridades. Quais características do mercado ou da concorrência são mais significativas para traçar a sua estratégia?

Será melhor atuar com a equipe dividida entre *"hunter"* e *"farmer"* ou verticalizar por segmento de mercado? Redesenhar os territórios é uma opção? Ou seria melhor classificar a carteira e estruturar a equipe de vendas pelo tamanho e pela importância do cliente? É melhor atender por telefone ou presencial? Com equipe própria ou terceira? Enfim, são inúmeras dúvidas.

Assim como no futebol, é comum você precisar mudar a formação tática de sua equipe de vendas. A grande questão é: será que os seus jogadores estarão aptos para desempenhar seus novos papéis dentro da nova estratégia?

Esse é o ponto que defendo veementemente: implantar estratégias comerciais sofisticadas não garantirão o sucesso! A menos que os jogadores estejam muito bem preparados para desempenhar em campo.

Um líder treinador preparado para desenvolver sua equipe, com base em método de vendas claro e eficaz. Essa é uma estratégia atemporal e que garante o sucesso em vendas.

http://vendarecorrente.com.br/2018/12/11/qual-seu-esquema-tatico-de-vendas/

3. GERENTE DE VENDAS, A EMPRESA PRECISA DESSA FUNÇÃO?

Se você for vendedor, provavelmente estará pensando: mas é claro que não precisa, pois eu já sou remunerado por produtividade e não preciso de alguém me falando o que tenho que fazer.

Se você for empresário, pode ter sua atenção tomada pela curiosidade: será que posso reduzir esse papel e assim aumentar meu lucro? Afinal, eu mesmo posso falar o que os vendedores precisam fazer.

Agora, se você for gerente de vendas, imagino que tenha ficado irritado com o questionamento e pensado: mas é claro que precisa, pois tenho o principal papel na organização que é o de fazer que os vendedores tragam a receita que irá sustentar toda a estrutura da empresa.

Antes de colocar a minha posição sobre o assunto, analise comigo o contexto:

Antigamente, a qualificação do gerente de vendas pouco importava, pois ele era a pessoa de confiança do patrão e essa era a qualidade máxima esperada. Ele era o guardião das chaves do escritório, a pessoa que o chefe podia "virar as costas sem medo de ser apunhalado". Era ele quem ficava como sombra atrás dos vendedores, para avaliar se eles estavam produzindo e se as suas condutas estavam dentro dos padrões esperados pela empresa.

Hoje, os processos e as tecnologias estão cada vez mais avançados, os mercados estão mais competitivos e as margens de lucro mais apertadas. Assim, as empresas encontram-se em um movimento de *downsize* de sua estrutura de liderança. É cada vez mais comum ver equipes de vendas que são lideradas a distância, muitas vezes sendo lideradas diretamente pelo diretor comercial, que antigamente contava com outros líderes abaixo dele ajudando na gestão dessas pessoas.

Diante dessa realidade, vejo muitas empresas na dúvida se devem ou não aderir a esse modelo enxuto, abrindo mão de alguns gestores. Esses presidentes e diretores estão nos perguntando se a empresa precisa dessa função.

Para responder a essa pergunta, fazemos um amplo e apurado diagnóstico, para entender o nível de maturidade de liderança e gestão comercial da empresa e dos gerentes das equipes de vendas. Cito a seguir os quatro questionamentos iniciais que nortearão esse diagnóstico:

APÊNDICE

1. Preocupa-se com o atingimento da meta individual da equipe tanto quanto com a sua meta global?
2. Consegue manter todo o time alinhado às estratégias de seu canal de vendas?
3. Entende a diferença entre gestão de carteira e gestão de território?
4. Entende a diferença entre gestão de *forecast* e gestão de *Pipeline*?

Quando o gerente de vendas internaliza e age como o guardião da gestão comercial da empresa, sem protecionismo e julgamentos com critérios subjetivos, aí sim a empresa decola e consegue expandir com sucesso. Do contrário, tende a ficar limitada ao alcance das mãos centralizadoras de um profissional que, no máximo, tem competência para ser um bom vendedor.

Considerando os verdadeiros gestores, que têm também competência de liderança, respondo à pergunta inicial com toda convicção: SIM, as empresas precisam MUITO dessa função! Porém, se o gerente não for esse profissional descrito, fico na dúvida se de fato ele é necessário, pois provavelmente é um vendedor sênior que apenas senta em uma poltrona mais confortável no escritório.

Se você for vendedor e quiser futuramente ser um gerente de vendas, pode usar esse direcionamento para adquirir ou aprimorar as competências que ajudarão você a chegar e a se manter na posição desejada.

Se você for empresário, faça uma reflexão antes de tomar qualquer decisão de corte sobre quais condições você está dando à sua equipe. Está orientando, capacitando e fornecendo ferramentas para uma efetiva gestão comercial?

Se você for gerente de vendas, sugiro que faça uma reflexão sobre esses quatro pontos, tente relacionar com seus resultados de vendas e avalie o que pode ser aperfeiçoado.

http://vendarecorrente.com.br/2018/12/10/gerente-de-vendas/

4. AS CINCO REGRAS DE OURO PARA UM BOM FORECAST DE VENDAS

Vamos lá, eu sei que esse é um daqueles assuntos que deixa qualquer um da área de vendas com o cabelo em pé!

Independentemente do seu nível hierárquico, quando o seu chefe pergunta: "e aí, quanto vai vender este mês?", uma enxurrada de pensamentos passa pela sua cabeça, não é?

"Se eu falo um número baixo, logo recebo a bronca. Se eu falo o número que ele quer ouvir, e depois não o faço, a coisa fica pior ainda."

Você não pode deixar o chefe sem resposta. Precisa dizer um número e sabe que dificilmente esse número será esquecido.

Um bom *forecast* (previsão de vendas) é fundamental para o planejamento da empresa. O planejamento de produção, compras, estoque, dimensionamento de pessoas, fluxo de caixa e tantas outras áreas de uma empresa dependem da imprescindível pergunta: quanto de fato vamos vender? E é por isso que seu chefe insiste nessa pergunta!

Algumas pessoas confundem o *forecast* com a sua meta de vendas ou *pipeline*. Para não ficar dúvida, seguem algumas breves definições:

Meta de vendas é a definição da empresa sobre o quanto deve ser vendido. Pode ser com base no histórico de vendas, na projeção de demanda, no plano de investimento, dentre tantas outras formas.

Pipeline, ou funil de vendas, é o total de oportunidades de vendas mapeadas pela equipe comercial, distribuídas nas mais diferentes probabilidades de fechamento e fases da venda.

Forecast é o levantamento sobre o que de fato será concretizado em vendas.

Agora que já alinhamos o entendimento sobre o que é o *forecast* aplicado a vendas, listo a seguir cinco regras de ouro para aumentar a acuracidade de suas previsões:

1 – TRANSFORME O FORECAST EM UM INDICADOR

Qual é o seu percentual de acerto do *forecast* de vendas nos últimos meses? Quais são os profissionais que têm melhor e pior nível de acerto em sua equipe? O que acontece quando a previsão é errada ou acertada?

Teve dificuldade em responder a alguma dessas perguntas? Então já temos um bom começo para melhorar suas previsões.

APÊNDICE

Para melhorar seu *forecast* de vendas, ele deve ser gerenciado. Para ser gerenciado, deve ser medido. Para isso:

- Estabeleça uma rotina de *forecast*, definindo o prazo que sua equipe deverá enviar as previsões de vendas e o prazo que você irá apurar o percentual de acerto;
- Acompanhe mensalmente o percentual de acerto. Se o prazo estiver longo, experimente fazer previsões semanais ou quinzenais para minimizar o erro;
- Faça o mapeamento dos ofensores do indicador: quais são os vendedores, supervisores, gerentes que acertam menos em suas previsões?

2 – ENTENDA OS SEUS PADRÕES E OS PADRÕES DA SUA EQUIPE

Utilizando o *forecast* como indicador, será possível criar um histórico de erros e acertos que o ajudará a entender o seu perfil e o da sua equipe.

Algumas pessoas são excessivamente otimistas. Elas subestimam os desafios e constantemente passam uma previsão de vendas que depois não será realizada.

Por outro lado, existem algumas pessoas que são muito cautelosas. Essas, por sua vez, passam números que facilmente são superados.

Quanto menor for o *gap* entre o previsto e o realizado, mais maturidade comercial o profissional estará demonstrando. Sendo assim, tanto os resultados que ficam abaixo do previsto quanto os resultados que superam a previsão de vendas devem ter os seus motivos analisados para que possam ser melhorados.

Fique atento a alguns fatores que afetarão a capacidade de fazer boas previsões:

Previsões do vendedor

- Falta de habilidade e/ou coragem para dizer ao seu superior o que de fato acredita que irá vender;
- Falta de conhecimento sobre o ciclo de decisão do cliente;
- Falta de conhecimento ou alinhamento de SLA`s (acordo de nível de serviço) com suas áreas internas que impactarão no tempo de fechamento (pré-venda, P&L, jurídico, etc.);
- Falta de envolvimento de todos os decisores e fortes influenciadores no processo de venda.

Previsões do líder de equipe de vendas

- Falta de habilidade e/ou coragem para dizer ao seu superior o que de fato acredita que sua equipe irá vender;
- Falta de alinhamento com sua equipe sobre quais oportunidades de vendas devem ser apresentadas no *forecast*;
- Falta de acompanhamento do líder sobre as oportunidades abertas de sua equipe;
- Falta de orientação e treinamento de sua equipe de vendas com base nas oportunidades abertas.

Em sua empresa, qual é o papel do líder de equipe de vendas? Ele acompanha as negociações e utiliza cada oportunidade de vendas para desenvolver a sua equipe? Ou está apenas colocando pressão, falando grosso e pedindo o resultado a qualquer custo?

3 – CONHEÇA O CICLO DE COMPRA DO SEU CLIENTE

Não conhecer COMO o seu cliente compra prejudicará sua capacidade de fazer boas previsões.

Alguns vendedores esquecem que, para se concretizar o negócio, ele antes passará por algumas etapas dentro do cliente: um jurídico, que irá analisar minuciosamente seu contrato; uma área de compras, que precisará de pelo menos mais duas propostas de concorrentes e mais um tempo de negociação; os sócios ou diretores, que irão estabelecer consenso sobre a contratação; dentre tantas outras etapas possíveis. Por isso:

- Entenda o ciclo de compra de seu cliente. Pergunte para seu interlocutor no cliente: como será tomada a decisão?
- Quais pessoas serão envolvidas? Essas pessoas possuem um prazo máximo de resposta? Qual é? Como funciona?
- Assegure-se de estar envolvendo TODAS essas pessoas em seu processo de venda.

4 – DEFINA OBJETIVAMENTE AS CLASSIFICAÇÕES DE STATUS

Após entender qual o ciclo de compra do seu cliente, defina objetivamente quais negócios deverão ser considerados em seu *forecast* de vendas.

APÊNDICE

Várias vezes ouço a reclamação: "Já defini o que são negócios quentes, mornos e frios e mesmo assim minha equipe fala que um negócio é quente e depois ele não se concretiza".

Frio, morno ou quente... Mas, afinal, como definir a temperatura do negócio? Esse conceito está realmente claro para sua equipe? Para isso:

Certifique-se de que todos têm as mesmas interpretações sobre *status* do negócio e quais devem entrar no *forecast*;

Faça muitas perguntas para sua equipe com base em negócios reais, pois é fundamental que todos tenham o mesmo entendimento. Caso contrário, o nível de acerto será muito prejudicado.

5 – FAÇA REUNIÕES PRODUTIVAS COM FOCO NO DESENVOLVIMENTO DE SUA EQUIPE

Quanto maior for o *gap* entre o previsto e o realizado, maior é a necessidade de treinamento!

Individual ou com toda a equipe? Presencial ou a distância? Quanto tempo de duração? No começo ou no final da semana? Enfim, são muitas as formas possíveis.

Não vou dizer que existe um modelo mágico para reuniões de *forecast*. Você deverá considerar a distância geográfica entre os membros de sua equipe, o tamanho de sua equipe, a complexidade da venda da sua empresa, a rotina de seus clientes e, por fim, a rotina de seus vendedores.

Certamente seu time sentirá se a reunião de *forecast* é um tempo produtivo ou não. Uma primeira dica é perguntar a eles se entendem essa ação como uma orientação para que atinjam melhores resultados.

Algumas boas práticas que funcionam em 100% das reuniões de *forecast*:

- Defina um horário exato para o início e término da reunião e respeite esse horário. Caso não consiga concluir todos os assuntos dentro desse tempo, reflita se poderá otimizar o tempo da reunião ou se precisará efetivamente de mais tempo para a próxima. Pense no exemplo que você está passando para sua equipe.
- Escolha um "guardião do tempo". Escolha alguém da equipe para auxiliá-lo a gerir o tempo da reunião. Dê autoridade a essa pessoa para interromper sempre que as discussões não estiverem sendo produtivas. Reveze a cada reunião o "guardião do tempo", de forma que todos sejam envolvidos.

- Defina uma estrutura objetiva para avaliar cada oportunidade que está em "reta final" no seu funil de venda. Tenha um *checklist* para não esquecer de nada. Algumas questões interessantes que podem estar nessa estrutura:
  - Tenho acesso e envolvi todos os decisores e principais influenciadores no processo de venda? Quem são e qual influência exercem?
  - Conheço profundamente o processo de decisão dentro do cliente? Como funciona?
  - Defini objetivamente e alinhei com meu cliente quais serão todos os próximos passos até o fechamento da venda? Quais as datas, ações e pessoas envolvidas?

Após conduzir a reunião de *forecast* seguindo essas dicas, ficará mais fácil você identificar quais vendedores e quais oportunidades de vendas necessitarão de um maior acompanhamento seu.

Ter um Método de Vendas 100% customizado para a realidade da sua empresa, apresentando de forma objetiva COMO o vendedor deverá conduzir cada etapa do funil, ajudará a reduzir o tempo de formação da sua equipe e acelerar o atingimento das metas!

http://vendarecorrente.com.br/2018/12/11/5-regras-de-ouro-forecast/

5. PESQUISA MUNDIAL CLASSIFICA SETE PERFIS DE STAKEHOLDERS NA VENDA

É indiscutível que a capacidade de identificar as necessidades técnicas do potencial cliente é muito importante para ter sucesso em vendas. Principalmente quando se trata de uma venda B2B, normalmente mais complexa, pois exige a construção de uma solução específica.

APÊNDICE

Mas, observamos na maioria das vezes as empresas limitarem a capacitação de sua força de vendas nos aspectos meramente técnicos, esquecendo-se do principal: que o processo de compra sempre é conduzido por pessoas. E, dessa forma, o vendedor que entende de gente, se diferencia!

Além de a venda B2B ser mais complexa pelos aspectos técnicos, outro cenário também se torna frequente: é necessário o envolvimento de mais interlocutores do lado do cliente, os quais chamamos de *stakeholders*.

Por definição, *stakeholder* é qualquer pessoa ou grupo de pessoas que tenham interesse, positivo ou negativo, em determinado assunto. Ou seja, são todas as pessoas que podem interferir no seu processo de venda, dentro do cliente.

Para tornar menos subjetiva a identificação dos perfis comportamentais dentro do cliente, um brilhante estudo foi realizado e nos leva a uma boa reflexão.

Uma das maiores pesquisas já realizadas na área de vendas foi conduzida pelo CEB (*Corporate Executive Board*) em 2009. A pesquisa incluiu por volta de 6.000 profissionais ao redor do mundo, e dos mais diversos setores. Nessa pesquisa, os entrevistados precisavam se autoavaliar sob 135 atributos e perspectivas. Com esse estudo conclui-se que há, independentemente da função ou cargo ocupado, sete perfis de *stakeholder* mais comuns dentro de qualquer organização. Sendo que cada pessoa pode acumular mais de um perfil:

1 – SOLUCIONADOR

Motiva-se com a possibilidade de implementar melhoras, por isso sempre está procurando por boas ideias. Uma vez encontrada uma boa ideia, ele a promove para todos os colegas e departamentos.

2 – CONSELHEIRO

Apaixonado por ideias, esse perfil é procurado pelos colegas pelo seu conhecimento. É persuasivo em conduzir os colegas a adotar um determinado curso de ação.

3 – CÉTICO

Cuidadoso, criterioso e prudente, geralmente aconselha cautela e está preocupado com os riscos. Mesmo quando vende uma ideia, recomenda cautela.

4 – INFORMANTE

Sempre a par das últimas notícias e sabendo do que vai acontecer, compartilha e fornece informação que geralmente não estão disponíveis para fornecedores.

5 – AMIGO

Tão simpático quanto o nome sugere, está sempre acessível e disposto a ajudar o vendedor a conhecer as pessoas dentro do cliente.

6 – AMBICIOSO (ALPINISTA)

Está focado em ganho pessoal. Vai defender projetos que o beneficiem de alguma maneira e espera ser recompensado quando esses projetos se realizam.

7 – BLOQUEADOR

Talvez melhor descrito como anticontato, o bloqueador gosta das coisas como estão. Tem pouco ou nenhum interesse em conversar com o vendedor. Pode ser que tenha um relacionamento diferenciado com algum concorrente seu, seja por afinidade, confiança técnica ou benefício próprio.

A PREFERÊNCIA DOS VENDEDORES DE ALTA PERFORMANCE:

A pesquisa também concluiu que os vendedores normais procuram por três perfis específicos, enquanto vendedores de alta *performance* preferem três diferentes.

Vendedores comuns tendem a procurar mais os perfis: Informante, Amigo e Ambicioso (4 – 5 – 6), perfis agrupados sob o nome "Simpáticos".

Já os vendedores de maior performance preferem os perfis: Solucionador, Conselheiro e Cético (1 – 2 – 3) chamados "Mobilizadores".

SIMPÁTICOS

Formados pelos perfis Amigo, Informante e Ambicioso. (4 – 5 -6)

São pessoas acessíveis e amigáveis, compartilham informação livremente e por isso atraem muitos vendedores. Mas para o vendedor focado em fechar a venda, e não apenas em ter uma boa conversa, esses perfis não são de grande ajuda. Frequentemente eles não têm disposição para construir o consenso necessário que envolve uma venda complexa.

MOBILIZADORES

Formados pelos perfis Solucionador, Conselheiro e Cético. (1 – 2 – 3)

Os perfis procurados pelos vendedores de alta *performance* são especialistas em criar o consenso. Geralmente uma conversa com um mobilizador não é fácil. Mobilizadores estão focados em produtividade e melhorias, e é sobre isso que

APÊNDICE

gostam de falar – sobre a realidade deles e não da empresa ou do produto do vendedor. Normalmente são céticos quanto aos vendedores, mas geralmente têm autonomia de decisão, ou estão muito próximos dela.

Para ser capaz de captar a atenção de um mobilizador, o vendedor precisa ter fluência sobre o negócio do potencial cliente.

É preciso que conheça profundamente suas "dores", não apenas no âmbito geral, mas como afetam cada área e profissional diretamente.

Conhecer e mencionar histórias de referência, contando com detalhes como o seu produto ajudou empresas com "dores" semelhantes a resolver seus problemas, será determinante para que um mobilizador o cogite como seu fornecedor.

Para adquirir essa capacidade de atrair mobilizadores em seus processos de vendas, a abordagem por segmento apresenta-se como a forma mais eficaz.

http://vendarecorrente.com.br/2018/12/11/pesquisa-mundial-7-stakeholders/

Publico artigos técnicos sobre vendas B2B semanalmente em meu *blog*. Siga-me em:

www.vendarecorrente.com.br

ou, para mais informações, envie um *e-mail* para:

contato@vendarecorrente.com.br